*C'est
de la prose*

C'est de la prose

edited by

Rebecca M. Valette
BOSTON COLLEGE

Robert L. Morgenroth
NORTHERN ILLINOIS UNIVERSITY

Harcourt, Brace & World, Inc.
NEW YORK / CHICAGO / SAN FRANCISCO / ATLANTA

Illustrations by James R. Bowen

ISBN 0-15-505865-7

Library of Congress Catalog Card Number: 68–19234

Printed in the United States of America

To Frances

Preface

Just as Monsieur Jourdain's *"C'est de la prose"* echoes his surprise and delight on learning that he speaks in prose, we hope that the title of this brief anthology will reflect the student's pleasure on discovering that despite a limited command of French he can begin reading authentic literary prose by contemporary authors. Unlike Molière's *"bourgeois gentilhomme,"* who unerringly reveals his limited esthetic sensitivity, however, the student should be able to appreciate the richness and diversity of the ideas and styles presented here. The selections reveal a variety of moods and tones: fable, fantasy, humor, and realism are used to engage the intellect as well as divert the imagination.

C'est de la prose is designed to fill a gap in current instructional materials for introducing the reading of French. It is specifically organized to be accessible to the student even before he has mastered all the common verb tenses; to this end the selections are presented in order of increasing and cumulative structural difficulty. Thus, the first piece may be read once the student has command of some basic grammatical elements and the present tense of the regular and more common irregular verbs. When the student has been introduced to the *passé composé*, he will be able to read the next group of selections. As new tenses are studied, the student will progress to selections containing those verb forms in addition to forms previously learned. In every case verbs occurring in a tense that has not yet been mastered are glossed as new vocabulary items. A brief appendix on the *passé simple* will guide the student in recognizing the forms of this tense.

The following outline shows how the selections have been grouped according to the introduction of new verb tenses.

Present tense	Camus
Passé composé	Guitry
	Prévert (*Antilopes*)
Future tense	Duhamel (*Éléonore*)
	Saint-Exupéry
	Prévert (*Cheval*)
Imperfect tense	Deharme
	Tharaud
	Duhamel (*Pouvoir*)
	Kessel
	Giono
Conditional tense	Supervielle
Pluperfect and Conditional perfect	Biraud
	Bernanos

All of the selections in the book are unaltered. All are complete in themselves with the exception of *"Le Cyprès"* by Giono (which is the second part of *"Au pays des coupeurs d'arbres"*) and *"Le Petit Prince et le renard"* by Saint-Exupéry (which is a self-contained episode in *Le Petit Prince*). New vocabulary and idioms are glossed in French whenever possible. If a definition in French would be ambiguous or overly lengthy, a brief translation or explanation is provided in English. A complete French-English vocabulary appears at the end of the book.

Since the student's basic instructional text will necessarily contain a number of structural drills, we have tried to keep printed exercise material in this book to a minimum. The questions after each reading elicit a retelling of the content and also encourage the utilization of new vocabulary. Brief written exercises also reinforce the tape program described below. The purpose of the supplementary matter is to increase the student's reading and listening comprehension and his command of spoken French; interpretation of the stories is left to the student and the teacher.

Supplementary grammar material appears in the tape program and the Instructor's Manual. For each selection the structures selected for review were chosen because of their occurrence in the text. Basic grammar books, because of space limitations, often give only a few examples of a particular construction; with this reader the instructor can bring the student's attention to specific constructions and idioms as they appear in each selection. Since the grammatical notes in the Instructor's Manual were conceived with this particular aim in mind, they refer directly to examples in the text. They are not, and are not intended to be, exhaustive presentations, nor, when taken as a whole, do they purport to provide a thorough or methodical review of French grammar.

The tape program consists of a series of units, each approximately fifteen minutes long, that accompany each selection. Each unit focuses on certain basic structural features and also tests comprehension of content; the emphasis here is, of course, on the skills of listening and speaking. Since the taped material does not appear in the book, each student should be encouraged to work with the taped lesson until he has completely mastered the material orally.

The Instructor's Manual contains the tape script and structural notes describing the content of the exercises. Supplementary oral classroom exercises are also provided. The Instructor's Manual should prove particularly useful to relatively inexperienced instructors.

We wish to thank Christian Taconet and Jean-Paul Valette for their careful reading of the manuscript.

R. M. V.
R. L. M.

MONSIEUR JOURDAIN : *Il n'y a que la prose ou les vers ?*

MAÎTRE DE PHILOSOPHIE : *Non, monsieur : tout ce qui n'est point prose est vers ; et tout ce qui n'est point vers est prose.*

MONSIEUR JOURDAIN : *Et comme l'on parle, qu'est-ce que c'est donc que cela ?*

MAÎTRE DE PHILOSOPHIE : *De la prose.*

MONSIEUR JOURDAIN : *Quoi ! quand je dis : « Nicole, apportez-moi mes pantoufles, et me donnez mon bonnet de nuit » , c'est de la prose ?*

MAÎTRE DE PHILOSOPHIE : *Oui, monsieur.*

MONSIEUR JOURDAIN : *Par ma foi ! il y a plus de quarante ans que je dis de la prose sans que j'en susse rien ; et je vous suis le plus obligé du monde de m'avoir appris cela.*

–Molière

LE BOURGEOIS GENTILHOMME
Acte II, scène 4

Contents

C'est
de la prose

Albert Camus

Albert Camus (1913–60) spent his adult life in Paris as author and dramatist, but he never outgrew his love for the sun, sand, and sea of his native Algeria. His novels focus on the absurdity of man's existence (L'Étranger, 1942) and the humanism inherent in man's revolt (La Peste, 1947). Camus was killed in an automobile accident three years after having received the Nobel Prize in literature.

In "Dialogue," a fragment written in 1937, Camus presents a young man whom society is unwilling (and unable) to accept. The young man, who might be considered a prototype of Meursault (L'Étranger), emphasizes the joys of his daily existence and at the same time realizes the futility of passing value judgments on his own or on any other individual's actions.

Vocabulaire

que faites-vous dans la vie   quel est votre métier, votre profession
dénombrer   compter: 1, 2, 3, etc.

la mer *sea*   **le ciel** *sky*   **que c'est beau**   = comme (combien)
   c'est beau
la fleur *flower*

ALBERT CAMUS

Dialogue

— Et que faites-vous dans la vie ?

— Je dénombre, Monsieur.

— Quoi ?

— Je dénombre. Je dis : un, la mer, deux, le ciel (ah que c'est beau !), trois, les femmes, quatre, les fleurs (ah ! que je ⁵ suis content !).

la niaiserie   extrême simplicité

le journal du matin   *morning paper*

L'Écho de Paris   journal catholique et conservateur

il = le monde   **la lumière**   *light*

le soleil tape   *the sun beats down*   **avoir envie de**   désirer, vouloir
  embrasser   *to kiss*   **se couler**   *to glide*

le corps   *body*   **prendre un bain de chair** (la chair *flesh*) ici, une expression poétique inventée par le narrateur pour exprimer le plaisir
  d'une façon sensuelle   **prendre un bain de soleil**   *to take a sunbath*

gris   *gray*

Je me sens meilleur   j'ai l'impression que je suis une meilleure (*better*)
  personne

se marier   *to get married*   **le cas**   *case*

l'institutrice *f*   *grammar-school teacher*   **un enfant gâté**   un enfant
  aux parents trop indulgents   **ça se voit**   c'est évident

allez   (interjection)   **Un fils de famille**   un enfant de la haute société
  n'a pas connu   (passé composé de **connaître**) *has not known*   **la vie**
  life

entendu   *accepted, understood*   **pour**   *in order to*

il faut   il est nécessaire de

— Ça finit dans la niaiserie, alors.

— Mon Dieu, vous avez l'opinion de votre journal du matin. Moi, j'ai l'opinion du monde. Vous pensez avec *L'Écho de Paris* et je pense avec le monde. Quand il est dans la lumière, quand le soleil tape, j'ai envie d'aimer et d'embrasser, de me couler dans des corps comme dans des lumières, de prendre un bain de chair et de soleil. Quand le monde est gris, je suis mélancolique et plein de tendresse. Je me sens meilleur, capable d'aimer au point de me marier. Dans un cas comme dans l'autre, ça n'a pas d'importance.

Après son départ :
1) — C'est un imbécile.
2) — Un prétentieux.
3) — Un cynique.

— Mais non, dit l'institutrice, c'est un enfant gâté ; ça se voit, allez. Un fils de famille qui n'a pas connu la vie.

(Parce qu'il est de plus en plus entendu que, pour trouver que la vie peut être belle et facile, il faut ne l'avoir pas connue.)

❧ *Questions*

1. Que fait le jeune homme dans la vie ?
2. Que dénombre-t-il ?
3. Quelle opinion exprime-t-il ?
4. Quelle opinion les autres expriment-ils ?
5. Quand le soleil tape, qu'a-t-il envie de faire ?
6. Quand le monde est gris, comment se sent-il ?
7. Quand se sent-il capable de se marier ?
8. Est-ce que cela a de l'importance si le monde est gris ?
9. Et est-ce que cela a de l'importance si le soleil tape ?
10. Que dit-on de lui après son départ ?
11. Selon vous, est-ce que le jeune homme est un imbécile ? Pourquoi ?
12. Selon vous, est-ce que le jeune homme est un prétentieux ? Pourquoi ?
13. Selon vous, est-ce que le jeune homme est un cynique ? Pourquoi ?
14. Que pense l'institutrice ?
15. Qu'est-ce qu'un enfant gâté ?
16. Qu'est-ce qu'un fils de famille ?
17. Comment est la vie pour une personne qui l'a connue ?
18. Est-il vrai que la vie peut être belle et facile?
19. Que pensez-vous du jeune homme ?

❧ *Written Drill* A

Mettez les phrases suivantes au singulier. (Pour le pronom *vous* employez la forme familière *tu*.)

MODÈLE :   Que finissent-elles ?
RÉPONSE :   **Que finit-elle ?**

1. Que faites-vous ?
2. Que prenez-vous ?
3. Que trouvent-ils ?
4. Que disent-elles ?
5. Qu'est-ce que nous dénombrons ?

6. Qu'est-ce qu'ils voient ?
7. Que pensons-nous ?
8. Qu'avez-vous ?
9. Qui êtes-vous ?
10. Que finissez-vous ?

✍ *Written Drill B*

Mettez les phrases suivantes au pluriel.

MODÈLE : Que dénombres-tu ?
RÉPONSE : **Que dénombrez-vous ?**

1. Que vois-tu ?
2. Que prend-il ?
3. Que dis-je ?
4. Qu'est-ce que tu penses ?
5. Qu'est-ce que je fais ?
6. Que trouve-t-elle ?
7. Qu'a-t-il ?
8. Qui connais-tu ?
9. Que fait-elle ?
10. Comment te sens-tu ?

Sacha Guitry

Sacha Guitry (1885–1957) *was not only an actor like his father Lucien Guitry but also a prolific dramatist, who during his lifetime wrote 115 plays and 29 scenarios for motion pictures. Although extremely well received at the time of their production, his comedies now often seem somewhat dated. It is difficult, however, to remain impervious to the charm and nonchalance of Guitry's humor.*

"La Cigarette," one of his Articles pour fumeurs, *provides a delightful example of Guitry's playful use of words. The narrator engages in a bantering conversation with his cigarette, whom he accuses of coquetry.*

Vocabulaire

Petite amie   jeune fille qu'on aime; ici, la cigarette

fine délicate   **propre** *clean*   **habiller** *to dress*

avoir l'air de sembler (*to seem*)   **la boîte** *box*

allumer   *to light* (*up*)

le chemin route

parcourir *to travel along*   **car** parce que   **je puisse** (présent du subjonctif de **pouvoir**) *I can*   **se passer de** *to do without*

SACHA GUITRY

La Cigarette

Petite amie, je t'aime !

Tu es fine, mince, propre et blonde. Tout de blanc habillée, tu as bien l'air de sortir d'une boîte. Tu es silencieuse et docile et je t'allume quand je veux !

Tu parfumes l'endroit où je travaille et le chemin que je   5
parcours — car il ne me semble pas que je puisse me passer de

partout *everywhere* **griser** *to get high, tipsy*

faire des reproches *to reproach* **à ton sujet** à cause de toi
tu me faisais tourner la tête (imparfait de **faire**) *you were making my
head spin* **finirais par** (conditionnel de **faire**) *would finish by*

était (imparfait d'**être**) *were, was* **le souvenir** *memory*

oublierai (futur d'**oublier**) *will forget*
Si je pensais (imparfait de **penser**) ici, *if I were to think* **l'insouciance** *f unconcern* **je ne t'en aimerais que davantage** (conditionnel d'**aimer**) *I would only love you more for it*
le doigt *finger* **prendre l'habitude** *to become accustomed to*
tellement *so much* **sentir** *to feel* **doux, douce** *soft*
la chaleur (antonyme : le froid)

gauche (antonyme : adroit)
tu vis (présent de **vivre**) *you live*
la volonté acte de vouloir

être bien *to be comfortable*

meurtrir faire du mal

lorsque quand

poser mettre **quelque part** *somewhere* **de ce que** du fait que
(*from the fact that*)
le dos *back* **tâcher** essayer
le feu *fire*
avouer *to admit*

tout au monde *everything possible*
brûler *to burn* **afin que** pour que **s'éloigner de** se séparer de
D'ailleurs *moreover* **soit** (présent du subjonctif d'**être**)

la gorge *throat*
tousser *to cough* **tu laisses accuser le vent** *you let* (*us*) *accuse*
(*blame*) *the wind*

la fumée *smoke*

toi et partout où je vais tu m'accompagnes — et tu me grises un peu, sans cesse...

On m'a souvent fait des reproches à ton sujet. On m'a dit que tu me faisais tourner la tête et que tu finirais par me faire perdre la mémoire ! 5

Ah ! grands dieux, si c'était vrai !... Je n'aime pas les souvenirs...

Fais-moi tout oublier — je ne t'oublierai jamais !

Si je pensais que je te dois mon insouciance dans la vie, je ne t'en aimerais que davantage ! 10

Je t'ai consacré deux doigts de la main gauche. Et j'ai tellement pris l'habitude de sentir ta douce chaleur qui augmente à chaque instant, tellement, vois-tu, que ces deux doigts me semblent inutiles et réellement gauches quand tu n'es pas entre eux. C'est là que tu vis et que tu te consumes doucement 15 — à ma volonté.

Mais si je t'aime ainsi, n'est-ce pas que tu m'aimes également et que tu es bien entre mes doigts qui te caressent constamment sans jamais te meurtrir ?

Je suis sûr que tu m'aimes puisque, lorsque je me sépare 20 de toi un instant et que je te pose quelque part, tu profites de ce que j'ai le dos tourné pour faire un peu de mal et tâcher de mettre le feu !

Et puis, avoue que tu es jalouse ?

Je suis sûr aussi que tu es jalouse, puisque, lorsque je 25 prends une femme dans mes bras, tu fais tout au monde pour la brûler un peu afin que brusquement elle s'éloigne de moi.

D'ailleurs, tu n'attends même pas qu'elle soit dans mes bras et ta jalousie se manifeste aussitôt que je veux lui parler de trop près — tu la prends tout de suite à la gorge et tu la fais 30 tousser — et, petite hypocrite, tu laisses accuser le vent !

Avoue-moi que tu m'aimes et que tu es jalouse... dis... avoue... écris... écris un « oui » fugitif... écris-le dans l'air en fumée bleue puisque c'est ton langage... dis-moi que tu aimes

la bouche *mouth*

la lèvre partie extérieure de la bouche   **se tromper** faire une erreur

la tige *stem*

nettement distinctement

savoir que tu es le parfum de ma vie... Pourquoi fais-tu monter si droite ta fumée ?... Dis-moi que tu aimes ma bouche et que je sais comment te prendre avec mes lèvres... Dis... me suis-je trompé ? M'aimes-tu ? Cesse de dessiner une fleur dont la tige flexible est trop longue... M'aimes-tu ?

Ah ! enfin...

Je viens de voir enfin nettement la première lettre du mot « oui »...

✑§ *Questions*

1. A qui parle le narrateur ?
2. Comment s'adresse-t-il à elle ?
3. Comment la petite amie est-elle habillée ?
4. Quelles sont ses qualités ?
5. Quel endroit parfume-t-elle ?
6. Le narrateur peut-il se passer de sa petite amie ?
7. Quelles reproches lui fait-on au sujet de sa petite amie ?
8. Pourquoi le narrateur n'a-t-il pas peur de perdre la mémoire ?
9. Quelle habitude le narrateur a-t-il prise ?
10. Quand est-ce que ses doigts lui semblent inutiles et gauches ?
11. Où vit la petite amie ?
12. Que fait-elle quand il la pose quelque part ?
13. Que fait-elle quand il prend une femme dans ses bras ?
14. Que fait-elle quand il veut parler à une femme de trop près ?
15. Pourquoi l'appelle-t-il « hypocrite » ?
16. En quel langage la petite amie parle-t-elle ?
17. Quelle question le narrateur pose-t-il à sa petite amie ?
18. Que fait-elle avant de répondre ?
19. Comment donne-t-elle sa réponse ?
20. Qui est la petite amie ?

✑§ *Written Drill A*

Mettez les phrases suivantes au passé composé.

MODÈLE :   Il allume la cigarette.
RÉPONSE :   **Il a allumé la cigarette.**

1. Elle parfume le chemin.
2. Elle m'aime.
3. Il me fait des reproches.
4. Tu me meurtris.
5. Je m'éloigne.
6. Tu m'accompagnes.
7. Tu te trompes.
8. Il me grise.

✍ *Written Drill B*

Écrivez à votre petite amie qu'elle est la cause de l'action indiquée.

MODÈLE : La fumée monte.
RÉPONSE : **Tu fais monter la fumée.**

1. La chaleur monte.
2. L'enfant sort.
3. La dame tousse.
4. La fumée tourne.
5. Le jeune homme vit.
6. Le monsieur attend.
7. Le garçon travaille.
8. La lettre brûle.

Jacques Prévert

After participating in the Surrealist movement following World War I, Jacques Prévert (1900–   ) became actively engaged in the cinema. He wrote a great many scenarios, notably Drôle de Drame *(1937) and* Les Enfants du paradis *(1944). His present popularity as a writer is due to* Paroles *(1946), a collection of poems in which he explores the poetic possibilities of everyday language. Many of the poems have been set to music—among them "Barbara" and "Je suis comme je suis."*

"La Vie des antilopes," is one of the Contes pour enfants pas sages. *In his choice of vocabulary and punctuation, Prévert captures the deceptively simple language of a child's bedtime story to underscore the suffering that the strong inflict on the weak.*

Vocabulaire

il existe il y a
rapides à la course qui peuvent courir (*run*) très vite

de passage qui restent dans le pays pour un temps bref
les affaires transactions commerciales

JACQUES PRÉVERT

La Vie des antilopes

En Afrique, il existe beaucoup d'antilopes ; ce sont des animaux charmants et très rapides à la course.

Les habitants de l'Afrique sont les hommes noirs, mais il y a aussi des hommes blancs, ceux-là sont de passage, ils viennent pour faire des affaires, et ils ont besoin que les noirs les 5

construire le chemin de fer   poser les rails sur lesquels roulent les trains

les fait mourir   les tue
se sauver   *to run away*
attraper   prendre, saisir

trop loin   à une trop longue distance
que   = parce que
le fusil   *rifle*
une balle perdue   un projectile qui a manqué son but
endormie   qui dort

d'habitude   en général   **mal nourris**   qui n'ont pas assez à manger
vers   dans la direction de
en   = de leurs cris

le tambour   *drum*   **allumer**   *to light*
le lendemain   le jour suivant
le tam-tam   sorte de grand tambour qu'on tape avec la main ; ici, une
fête où il y a beaucoup de musique et de danses
tout à fait réussi   un grand succès
En haut   *above*

il est arrivé quelque chose   quelque chose est arrivé (*something has
happened*)

se coucher   *to set*

oser   avoir le courage de   **élever la voix**   parler plus fort

a pu   (passé composé de **pouvoir**)   **avait dit**   (plus-que-parfait de
dire) *had said*   **serait rentrée**   (conditionnel passé de **rentrer**)
would be back

le rocher   *rock*
tout   ici, complètement   **en bas**   (antonyme : en haut)   **tout petit**
très petit

un feu de joie   *bonfire*

a compris   (passé composé de **comprendre**)

aident ; mais les noirs aiment mieux danser que construire des routes ou des chemins de fer, c'est un travail très dur pour eux et qui souvent les fait mourir.

Quand les blancs arrivent, souvent les noirs se sauvent, les blancs les attrapent au lasso, et les noirs sont obligés de faire le chemin de fer ou la route, et les blancs les appellent des « travailleurs volontaires ».

Et ceux qu'on ne peut pas attraper parce qu'ils sont trop loin et que le lasso est trop court, ou parce qu'ils courent trop vite, on les attaque avec le fusil, et c'est pour ça que quelquefois une balle perdue dans la montagne tue une pauvre antilope endormie.

Alors, c'est la joie chez les blancs et chez les noirs aussi, parce que d'habitude les noirs sont très mal nourris, tout le monde redescend vers le village en criant :

« Nous avons tué une antilope », et en font beaucoup de musique.

Les hommes noirs tapent sur des tambours et allument de grands feux, les hommes blancs les regardent danser, le lendemain ils écrivent à leurs amis : « Il y a eu un grand tam-tam c'était tout à fait réussi ! »

En haut, dans la montagne les parents, et les camarades de l'antilope se regardent sans rien dire... ils sentent qu'il est arrivé quelque chose...

... Le soleil se couche et chacun des animaux se demande sans oser élever la voix pour ne pas inquiéter les autres : « Où a-t-elle pu aller, elle avait dit qu'elle serait rentrée à 9 heures... pour le dîner ! »

Une des antilopes, immobile sur un rocher, regarde le village, très loin tout en bas, dans la vallée, c'est un tout petit village, mais il y a beaucoup de lumière et des chants et des cris... un feu de joie.

Un feu de joie chez les hommes, l'antilope a compris, elle quitte son rocher et va retrouver les autres et dit :

Ce n'est plus la peine   c'est maintenant inutile de

personne ne   (antonyme : tout le monde)   **triste**   (antonyme : gai)
  le repas   *meal*

.

« Ce n'est plus la peine de l'attendre, nous pouvons dîner sans elle... »

Alors toutes les autres antilopes se mettent à table, mais personne n'a faim, c'est un très triste repas.

◦§*Questions*

1. Comment le narrateur décrit-il les antilopes ?
2. Qui habite l'Afrique ?
3. En quoi les hommes de l'Afrique sont-ils différents des hommes de passage ?
4. Pourquoi les hommes blancs viennent-ils en Afrique ?
5. Pourquoi les hommes noirs n'aiment-ils pas construire des routes ou des chemins de fer ?
6. Que font les blancs quand les noirs se sauvent ?
7. Avec quoi les blancs attaquent-ils les noirs ?
8. Comment la pauvre antilope endormie est-elle tuée ?
9. Est-ce que les blancs et les noirs aiment tuer les antilopes ?
10. Que font les hommes noirs lorsqu'on tue une antilope ?
11. Qu'écrivent les hommes blancs à leurs amis ?
12. Qu'est-ce qu'un tam-tam ?
13. Pourquoi les parents et les camarades de l'antilope se regardent-ils sans rien dire ?
14. A quelle heure dîne-t-on chez les antilopes ?
15. Quand le soleil se couche et que l'antilope ne rentre pas, qu'est-ce que les autres se demandent ?
16. Où est le village ?
17. Que regarde l'antilope sur le rocher ?
18. Pourquoi est-ce que personne n'a faim chez les antilopes ?
19. Est-ce que les hommes blancs sont toujours bons pour les hommes noirs ? Expliquez.
20. Est-ce que les hommes blancs et noirs sont toujours bons pour les antilopes ? Expliquez.

◦§*Written Drill A*

Mettez les phrases suivantes au passé composé.

MODÈLE : Nous ne tuons pas les antilopes.
RÉPONSE : **Nous n'avons pas tué les antilopes.**

1. Je ne comprends pas ce passage.
2. Ils nous le disent.

3. Elle ne peut pas venir.
4. Il y a un feu de joie.
5. Nous aidons les autres.
6. Vous ne le dites pas.
7. Ils attrapent une antilope.
8. Ils attaquent le village.
9. Je ne suis pas en Afrique.
10. Il perd son ami.

⋞ᶰ *Written Drill B*

Dans les phrases suivantes remplacez le sujet par un pronom : *ce, il, elle, ils, elles.*

MODÈLE :   *Les hommes noirs* sont trop loin.
RÉPONSE :   **Ils sont trop loin.**

MODÈLE :   *La construction de la route* est un dur travail.
RÉPONSE :   **C'est un dur travail.**

1. *L'homme* est noir.
2. *Les antilopes* sont tristes.
3. *Le travail* est dur.
4. *Les noirs* sont mal nourris.
5. *Le Burlington* est un chemin de fer.
6. *L'antilope* est un animal charmant.
7. *Le village* est un tout petit village.
8. *Le village* est petit.
9. *Le dîner* est un très triste repas.
10. *Le lasso* est trop court.

Georges Duhamel

Georges Duhamel (1884–1966), member of the Académie française, *was a poet, novelist, playwright, and doctor. He began writing as a result of his experiences in the medical corps during World War I. These experiences are reflected in the work* Récits des temps de guerre. *His literary reputation rests in large part on two series of novels:* Vie et aventures de Salavin *(1920–32) and* Chronique des Pasquier *(1933–41).*

Duhamel was absorbed in the phenomenon of life, and he took pity on all victims of pain and suffering— animals, children, soldiers, and even plants. "Éléonore ou l'amie constante," which appeared in his Fables de mon jardin *(1936), reveals the author's profound sensitivity and his love of nature.*

Vocabulaire

le panier *basket* **tirer** prendre

souffreteuse qui a l'air malade **agoniser** être près de la mort

la serre *greenhouse* **la chaleur** (antonyme : le froid) **la clarté** *light*

sauver *to save*

GEORGES DUHAMEL

Éléonore ou l'amie constante

De son panier, Éléonore tire avec précaution un très petit pot de terre dans lequel une plante souffreteuse agonise.

— Je sais, dit Éléonore, qu'elle est malade, et gravement. Mais, prenez-la, dans votre serre : la chaleur et la clarté lui feront du bien. Vous me la sauverez peut-être.

5

Ma foi !   mais oui

de même race   de la même espèce (NOTE: En général le mot *race* s'emploie pour les hommes et non pas pour les plantes.)
rougir   devenir rouge   **la paupière**   *eyelid*

effarouchée   *shocked, startled, scared*   **soigner**   *to take care of, nurse*

s'écrier   *to exclaim*   **auriez**   (conditionnel d'**avoir**) *would have*

tout bas   à voix basse

— Ma foi, dit le jardinier, nous la sauverons peut-être ; mais cela peut durer longtemps. Ne pensez plus à celle-ci. Je vais vous en donner une autre, de même race, évidemment.

Éléonore a rougi. Ses paupières battent sur ses yeux qui sont timides et qui sont tendres.   5

— Non, non, dit-elle d'une voix effarouchée. Non, soignez plutôt celle-ci.

— Quoi ? s'écrie le jardinier. Vous en auriez une plus belle...

Éléonore dit, tout bas :   10

— Mais non. C'est celle-là que j'aime !

❧ *Questions*

1. Dans quoi Éléonore apporte-t-elle sa plante ?
2. Dans quelle sorte de pot se trouve la plante ?
3. Dans quel état se trouve la plante ?
4. Pourquoi Éléonore va-t-elle chez le jardinier ?
5. Où le jardinier doit-il mettre la plante ?
6. Pourquoi Éléonore veut-elle mettre sa plante dans la serre ?
7. Le jardinier pense-t-il sauver la plante ?
8. Qu'est-ce que le jardinier veut donner à Éléonore ?
9. Quelle est la réaction d'Éléonore ?
10. Éléonore accepte-t-elle une autre plante de la même espèce ?
11. Pourquoi refuse-t-elle d'abandonner la plante souffreteuse ?
12. Qu'est-ce qu'une « amie constante » ?
13. Éléonore est-elle une « amie constante » ? Pourquoi ?

❧ *Written Drill* A

Remplacez les mots en italique par le pronom convenable.

MODÈLE : Nous parlons *au jardinier*.
RÉPONSE : **Nous lui parlons.**

MODÈLE : Je vous donnerai une autre *plante*.
RÉPONSE : **Je vous en donnerai une autre.**

1. Vous donnerez la plante *au jardinier*.
2. Elle achète *des plantes* pour nous.
3. Il n'a pas *d'amis*.
4. Tu prends *des pots de terre*.
5. Nous parlerons *de nos amis*.
6. Elle a peur *de son frère*.
7. Je parlerai *à cette dame*.
8. Je garderai la plante *pour Marie*.
9. Ils parleront *à ces garçons*.
10. Elles parleront *de ces petits pots*.

✍§ *Written Drill B*

Dans les phrases suivantes remplacez les mots en italique par le pronom démonstratif convenable.

MODÈLE : *Cette maison-ci est rouge.*
RÉPONSE : **Celle-ci est rouge.**

1. *Ce pot-ci* est moins grand que *ce pot-là*.
2. Quel est le prix de *cette plante-là* ?
3. Ce sont *ces plantes-ci* qui sont malades.
4. *Cette fleur-ci* n'est pas de la même espèce que *cette fleur-là*.
5. Voilà *les plantes* de mon père.
6. C'est *la jeune fille* que j'aime.
7. *Le garçon* que vous voyez là-bas travaille dans la serre.
8. *La serre* de ma tante est plus petite.
9. *Cette fille* est malade.
10. *Ces pots* sont à moi.

Antoine de Saint-Exupéry

In his early novels Courrier sud *(1930) and* Vol de nuit
*(1931), Antoine de Saint-Exupéry (1900–44) drew on his
experiences as a pilot for the air postal service in Africa
and South America.* Terre des hommes *interweaves episodes from Saint-Exupéry's aviation career while develop-
ing his concept of the heroic potential of man guided by
will power and a sense of responsibility. Saint-Exupéry
was declared missing in action when he failed to return
from an aerial mission during World War II.*

*Le Petit Prince (published in New York in 1943) is
a lyric expression of Saint-Exupéry's humanistic philosophy.
In "Le Petit Prince et le renard" the Little Prince has just
arrived on Earth from his small planet. On that planet his
only companion is a rose, whom he thought to be the
unique member of her species. However, upon landing on
Earth he discovers a rose garden with thousands of flowers
just like his own. He is feeling unhappy when the fox appears.*

Vocabulaire

apparut (passé simple d'**apparaître**) *appeared*   **le renard** *fox*

vit (passé simple de **voir**) *saw*

ANTOINE DE SAINT-EXUPÉRY

Le Petit Prince et le renard

C'est alors qu'apparut le renard :

— Bonjour, dit le renard.

— Bonjour, répondit poliment le petit prince, qui se retourna mais ne vit rien.

le pommier   arbre qui a comme fruit la pomme

Je ne puis pas   = je ne peux pas
apprivoisé   domestiqué
fit   (passé simple de **faire**) ici, synonyme de *dit*

chasser   *to hunt*
gênant   embarrassant   **élever**   *to raise*   **la poule**   *hen, chicken*

créer des liens   établir des attaches

tout semblable à   *just like*

parut   (passé simple de **paraître**) *seemed, appeared*

— Je suis là, dit la voix, sous le pommier...

— Qui es-tu ? dit le petit prince. Tu es bien joli...

— Je suis un renard, dit le renard.

— Viens jouer avec moi, lui proposa le petit prince. Je suis
tellement triste...   5

— Je ne puis pas jouer avec toi, dit le renard. Je ne suis
pas apprivoisé.

— Ah ! pardon, fit le petit prince.

Mais, après réflexion, il ajouta :

— Qu'est-ce que signifie « apprivoiser » ?   10

— Tu n'es pas d'ici, dit le renard, que cherches-tu?

— Je cherche les hommes, dit le petit prince. Qu'est-ce que
signifie « apprivoiser » ?

— Les hommes, dit le renard, ils ont des fusils et ils chassent. C'est bien gênant ! ils élèvent aussi des poules. C'est leur   15
seul intérêt. Tu cherches des poules ?

— Non, dit le petit prince. Je cherche des amis. Qu'est-ce
que signifie « apprivoiser » ?

— C'est une chose trop oubliée, dit le renard. Ça signifie
« créer des liens... »   20

— Créer des liens ?

— Bien sûr, dit le renard. Tu n'es encore pour moi qu'un
petit garçon tout semblable à cent mille petits garçons. Et je
n'ai pas besoin de toi. Et tu n'as pas besoin de moi non plus.
Je ne suis pour toi qu'un renard semblable à cent mille renards.   25
Mais, si tu m'apprivoises, nous aurons besoin l'un de l'autre.
Tu seras pour moi unique au monde. Je serai pour toi unique
au monde...

— Je commence à comprendre, dit le petit prince. Il y a
une fleur... Je crois qu'elle m'a apprivoisé...   30

— C'est possible, dit le renard. On voit sur la terre toutes
sortes de choses...

— Oh ! ce n'est pas sur la Terre, dit le petit prince.

Le renard parut très intrigué :

le chasseur   homme qui chasse

revint   (passé simple de **revenir**) *came back*

se ressembler   *to look alike*

ensoleillée   couverte de soleil   **un bruit de pas**   le son que font les
   souliers quand on marche

me font rentrer sous terre   m'obligent à me cacher sous terre   **hors de**
   à l'extérieur de   **le terrier**   trou dans la terre où habite le renard

le blé   plante qui fournit la farine pour le pain

ne me rappellent rien   *do not remind me of anything*

l'or *m*   *gold*

doré   couleur d'or

se tut   (passé simple de **se taire**) devenir silencieux

tu t'assoiras   (futur de **s'asseoir**)

— Sur une autre planète ?

— Oui.

— Il y a des chasseurs, sur cette planète-là ?

— Non.

— Ça, c'est intéressant ! Et des poules ?

— Non.

— Rien n'est parfait, soupira le renard.

Mais le renard revint à son idée :

— Ma vie est monotone. Je chasse les poules, les hommes me chassent. Toutes les poules se ressemblent, et tous les hommes se ressemblent. Je m'ennuie donc un peu. Mais, si tu m'apprivoises, ma vie sera comme ensoleillée. Je connaîtrai un bruit de pas qui sera différent de tous les autres. Les autres pas me font rentrer sous terre. Le tien m'appellera hors du terrier, comme une musique. Et puis regarde ! Tu vois, là-bas, les champs de blé ? Je ne mange pas de pain. Le blé pour moi est inutile. Les champs de blé ne me rappellent rien. Et ça, c'est triste ! Mais tu as des cheveux couleur d'or. Alors ce sera merveilleux quand tu m'auras apprivoisé ! Le blé, qui est doré, me fera souvenir de toi. Et j'aimerai le bruit du vent dans le blé...

Le renard se tut et regarda longtemps le petit prince :

— S'il te plaît... apprivoise-moi, dit-il !

— Je veux bien, répondit le petit prince, mais je n'ai pas beaucoup de temps. J'ai des amis à découvrir et beaucoup de choses à connaître.

— On ne connaît que les choses que l'on apprivoise, dit le renard. Les hommes n'ont plus le temps de rien connaître. Ils achètent des choses toutes faites chez les marchands. Mais comme il n'existe point de marchands d'amis, les hommes n'ont plus d'amis. Si tu veux un ami, apprivoise-moi !

— Que faut-il faire ? dit le petit prince.

— Il faut être très patient, répondit le renard. Tu t'assoiras d'abord un peu loin de moi, comme ça, dans l'herbe. Je te re-

le coin *corner*
le malentendu ce qui est mal compris

Il eût mieux valu (plus-que-parfait du subjonctif de **valoir**) *it would
have been better*
dès à partir de

n'importe quand à une heure indéfinie
s'habiller le coeur (expression poétique) commencer d'être heureux
le rite cérémonie traditionnelle

dansaient (imparfait de **danser**) ici, *were to dance* **se ressembleraient** (conditionnel de **se ressembler**) *would be alike* **aurais**
(conditionnel d'**avoir**) *would have*

fut (passé simple d'**être**)

souhaitais (imparfait de **souhaiter**) *wished*

tu n'y gagnes rien *you don't gain anything by it*

garderai du coin de l'oeil et tu ne diras rien. Le langage est source de malentendus. Mais, chaque jour, tu pourras t'asseoir un peu plus près...

Le lendemain revint le petit prince.

— Il eût mieux valu revenir à la même heure, dit le renard. Si tu viens, par exemple, à quatre heures de l'après-midi, dès trois heures je commencerai d'être heureux. Plus l'heure avancera, plus je me sentirai heureux. A quatre heures, déjà, je m'agiterai et m'inquiéterai : je découvrirai le prix du bonheur ! Mais si tu viens n'importe quand, je ne saurai jamais à quelle heure m'habiller le coeur !... Il faut des rites.

— Qu'est-ce qu'un rite ? dit le petit prince.

— C'est aussi quelque chose de trop oublié, dit le renard. C'est ce qui fait qu'un jour est différent des autres jours, une heure, des autres heures. Il y a un rite, par exemple, chez mes chasseurs. Ils dansent le jeudi avec les filles du village. Alors le jeudi est jour merveilleux ! Je vais me promener jusqu'à la vigne. Si les chasseurs dansaient n'importe quand, les jours se ressembleraient tous, et je n'aurais point de vacances.

Ainsi le petit prince apprivoisa le renard. Et quand l'heure du départ fut proche :

— Ah ! dit le renard... Je pleurerai.

— C'est ta faute, dit le petit prince, je ne te souhaitais point de mal, mais tu as voulu que je t'apprivoise...

— Bien sûr, dit le renard.

— Mais tu vas pleurer ! dit le petit prince.

— Bien sûr, dit le renard.

— Alors tu n'y gagnes rien !

— J'y gagne, dit le renard, à cause de la couleur du blé.

✍️ *Questions*

1. Quand le Petit Prince s'est retourné, pourquoi n'a-t-il rien vu ?
2. Pourquoi le renard ne peut-il pas venir jouer avec le Petit Prince ?
3. Que signifie le terme « apprivoiser » ?
4. Pourquoi les hommes n'apprivoisent-ils pas le renard ?
5. Que cherche le Petit Prince ?
6. Que cherche le renard ?
7. Qui cherche le renard ?
8. Qui a déjà apprivoisé le Petit Prince ?
9. Où est la fleur ?
10. Pourquoi la planète du Petit Prince est-elle intéressante pour le renard, mais pas parfaite ?
11. Pourquoi la vie du renard est-elle monotone ?
12. Pourquoi le blé sera-t-il un souvenir pour le renard ?
13. Selon le renard, quelles sont les seules choses que l'on connaisse ?
14. Pourquoi les hommes n'ont-ils plus d'amis ?
15. Que faut-il faire, selon le renard, pour avoir un ami ?
16. Pourquoi le Petit Prince ne doit-il pas parler ?
17. Si le Petit Prince vient tous les jours à quatre heures, à quelle heure le renard commencera-t-il à se sentir heureux ?
18. Qu'est-ce qui fait qu'une heure est différente d'une autre heure ?
19. Qu'est-ce qu'un rite ?
20. Pourquoi le renard pleure-t-il ?
21. Pourquoi le renard dit-il : « J'y gagne à cause de la couleur du blé » ?

✍️ *Written Drill A*

Mettez les phrases suivantes au futur.

MODÈLE :   Le Petit Prince se retourne.
RÉPONSE :   **Le Petit Prince se retournera.**

1. Le Petit Prince dit bonjour.
2. Je joue avec toi.
3. Les hommes ont des fusils et ils chassent.

4. Nous créons des liens.
5. Je connais un bruit de pas qui est différent de tous les autres.
6. Le blé me fait penser à toi.
7. Tu peux venir à midi.
8. Quand les chasseurs dansent n'importe quand, les jours se ressemblent tous.
9. Plus l'heure avance, plus je me sens heureux.
10. Quand l'heure du départ arrive, elle pleure.
11. Quand vous venez jouer avec moi, je ne suis plus triste.
12. J'aime le bruit du vent dans le blé.

⋙ *Written Drill B*

Formez une nouvelle phrase selon le modèle. Mettez le second verbe au futur.

MODÈLE :   Le Petit Prince se retourne ; il voit le renard.
RÉPONSE :   **Si le Petit Prince se retourne, il verra le renard.**

1. Tu n'es pas là ; je suis triste.
2. Il découvre le bonheur ; il comprend.
3. Ils connaissent mon père ; ils l'aiment.
4. Vous venez ; j'ai une surprise pour vous.
5. Elle est fatiguée ; elle s'assoit.
6. Il fait beau ; nous faisons une promenade.
7. Je vois le blé ; je pense à mon ami.
8. Le renard est apprivoisé ; l'enfant peut jouer avec lui.

⋙ *Written Drill C*

Utilisez les phrases de l'exercice précédant et formez une nouvelle phrase. Commencez avec la conjonction *quand* selon le modèle et mettez les verbes au futur.

MODÈLE :   Le Petit Prince se retourne ; il voit le renard.
RÉPONSE :   **Quand le Petit Prince se retournera, il verra le renard.**

Jacques Prévert

Jacques Prévert again reveals his preoccupation with the question of liberty in "Cheval dans une île," another story in the collection Contes pour enfants pas sages. *The revolt of the horses against their oppressor, man, is being undermined by the conservative attitudes of those horses who enjoy the material comforts of life. But even the solitary horse betrays his enlightened leadership by emphasizing his own superiority over the lowly oxen.*

Vocabulaire

le cheval *horse*   **il vit** (présent de **vivre**) *he lives*   **quelque part**
     somewhere

derrière (antonyme : devant)   **le bateau** *boat*

JACQUES PRÉVERT

Cheval dans une île

Celui-là c'est le cheval qui vit tout seul quelque part très loin dans une île.

Il mange un peu d'herbe, derrière lui, il y a un bateau, c'est le bateau sur lequel le cheval est venu, c'est le bateau sur lequel il va repartir.

5

il s'ennuie (antonyme : il s'amuse.)   **voudrait** (conditionnel de
  vouloir) *would like*
utile   *useful*
pendant que   *while*

Il faut que cela change   *things have to change*

malheureux   (antonymes : gai, heureux)

les mieux nourris   ceux qui ont beaucoup à manger

traîner   *to pull*   **le corbillard**   voiture qui transporte les morts   **un
  grand**   une personne importante   **le carrosse**   voiture de luxe, tirée
  par des chevaux
un chapeau de paille de riz   *straw hat*
empêcher de   *to stop from*
se plaindre   se lamenter

se moquer de   ridiculiser

le traîneur de camion   ici, un cheval ordinaire qui tire des marchandises
  plutôt que des personnes
oser   avoir le courage de   **l'avis** *m*   opinion
réfléchir   penser

être en reste avec   être en obligation; devoir quelque chose à

combler   surcharger, donner beaucoup

le fouet   *whip*

la cravache   *riding crop*   **l'éperon** *m*   *spur*   **l'oeillère** *f*   blinder
le brancard   *shaft (of a carriage)*   **le fer**   *iron*

réchauffer   rendre chaud ce qui est froid

reprendre   prendre de nouveau   **le bijou**   *jewel* ; ici, utilisé ironique-
  ment   **qu'en pensez-vous ?**   quelle en est votre opinion ?

l'écurie *f*   *stable*

Ce n'est pas un cheval solitaire, il aime beaucoup la compagnie des autres chevaux, tout seul, il s'ennuie, il voudrait faire quelque chose, être utile aux autres. Il continue à manger de l'herbe et pendant qu'il mange, il pense à son grand projet.

Son grand projet c'est de retourner chez les chevaux pour 5
leur dire :

« Il faut que cela change »
et les chevaux demanderont :

« Qu'est-ce qui doit changer ? »
et lui, il répondra : 10

« C'est notre vie qui doit changer, elle est trop misérable, nous sommes trop malheureux, cela ne peut pas durer. »

Mais les plus gros chevaux, les mieux nourris, ceux qui traînent les corbillards des grands de ce monde, les carrosses des rois et qui portent sur la tête un grand chapeau de paille 15
de riz, voudront l'empêcher de parler et lui diront :

« De quoi te plains-tu, cheval, n'es-tu pas la plus noble conquête de l'homme ? »

Et ils se moqueront de lui.

Alors tous les autres chevaux, les pauvres traîneurs de 20
camion n'oseront pas donner leur avis.

Mais lui, le cheval qui réfléchit dans l'île, il élèvera la voix :

« S'il est vrai que je suis la plus noble conquête de l'homme, je ne veux pas être en reste avec lui. 25

» L'homme nous a comblés de cadeaux, mais l'homme a été trop généreux avec nous, l'homme nous a donné le fouet, l'homme nous a donné la cravache, les éperons, les œillères, les brancards, il nous a mis du fer dans la bouche et du fer sous les pieds, c'était froid, mais il nous a marqués au fer rouge 30
pour nous réchauffer...

» Pour moi, c'est fini, il peut reprendre ses bijoux, qu'en pensez-vous ? Et pourquoi a-t-il écrit sérieusement et en grosses lettres sur les murs... sur les murs de ses écuries, sur les

la caserne logement pour les soldats   **l'abattoir** *m* bâtiment où l'on tue les animaux

l'hippodrome *m* *race track*   **boucherie hippophagique** (NOTE: En général on dit **boucherie chevaline.**)

pour *to*   **avouer** admettre

s'en iront = iront

la charrue *plow*   **faire les courses** *to run errands, go shopping*

reconnaissons (impératif de **reconnaître**) *let us recognize*

en = un service

là-dessus à ce sujet

l'avoine *f* *oats*   **au lit** *in bed*

le goût *taste*   **frapper** *to strike*

cela ne doit plus se reproduire *that mustn't happen again*

frais, fraîche *cool*

on = nous   **le boeuf** *ox, steer*

premier = la première personne   **taper dessus** frapper   **mord** (présent de **mordre**) *bites*

Deuxième = la deuxième personne

être un peu fort exagérer

deviendront (futur de **devenir**)

Il rit le cheval le cheval rit (rire : *to laugh*)

avoir envie de vouloir, désirer   **il n'aime que chanter en choeur** il aime seulement chanter avec les autres

à leur tour *in turn*

se demander *to wonder*   **rassurer** (antonyme : inquiéter)

instruit une personne instruite = une personne éduquée

murs de ses casernes de cavalerie, sur les murs de ses abattoirs, de ses hippodromes et de ses boucheries hippophagiques[1] : Soyez bons pour les Animaux, avouez tout de même que c'est se moquer du monde des chevaux ! »

« Alors, tous les autres pauvres chevaux commenceront à comprendre et tous ensemble ils s'en iront trouver les hommes et ils leur parleront très fort. »

Les chevaux : « Messieurs, nous voulons bien traîner vos voitures, vos charrues, faire vos courses et tout le travail, mais reconnaissons que c'est un service que nous vous rendons, il faut nous en rendre aussi ; souvent, vous nous mangez quand nous sommes morts, il n'y a rien à dire là-dessus, si vous aimez ça, c'est comme pour le petit déjeuner du matin, il y en a qui prennent de l'avoine au café au lit, d'autres de l'avoine au chocolat, chacun ses goûts, mais souvent aussi, vous nous frappez, cela, ça ne doit plus se reproduire.

» De plus, nous voulons de l'avoine tous les jours ; de l'eau fraîche tous les jours et puis des vacances et qu'on nous respecte, nous sommes des chevaux, on n'est pas des boeufs.

» Premier qui nous tape dessus on le mord.

» Deuxième qui nous tape dessus on le tue, voilà. »

Et les hommes comprendront qu'ils ont été un peu fort, ils deviendront plus raisonnables.

Il rit le cheval en pensant à toutes ces choses qui arriveront sûrement un jour.

Il a envie de chanter, mais il est tout seul, et il n'aime que chanter en choeur, alors il crie tout de même : « Vive la liberté. »

Dans d'autres îles, d'autres chevaux l'entendent et ils crient à leur tour de toutes leurs forces : « Vive la liberté. »

Tous les hommes des îles et ceux du continent entendent des cris et se demandent ce que c'est, puis ils se rassurent et

---

[1] *Note pour les chevaux pas instruits :* Hippophage : celui qui mange le cheval.

en haussant les épaules *shrugging their shoulders*

se douter de suspecter

disent en haussant les épaules : « Ce n'est rien, c'est des chevaux. »

Mais ils ne se doutent pas de ce que les chevaux leur préparent.

✒§ *Questions*

1. Où vit le cheval en ce moment ?
2. Pourquoi y a-t-il un bateau derrière lui ?
3. Que fait-il quand il est tout seul ?
4. Que fait-il quand il mange ?
5. A quoi pense-t-il ?
6. Quel est son grand projet ?
7. Pourquoi est-ce que la vie des chevaux doit changer ?
8. Quelle sera la réaction des plus gros chevaux à son projet ?
9. En quoi l'homme a-t-il été trop généreux avec les chevaux ?
10. Qu'est-ce que l'homme a écrit en grosses lettres sur les murs ?
11. Les autres chevaux accepteront-ils le grand projet ?
12. Qu'est-ce que c'est qu'une boucherie chevaline ?
13. Quels services les chevaux rendent-ils à l'homme ?
14. Qu'est-ce qui ne doit pas se reproduire ?
15. Que demandent enfin les chevaux ?
16. Que feront les chevaux au premier qui les frappe ?
17. La deuxième fois qu'on frappe un cheval, que fera ce cheval ?
18. Qu'est-ce que les hommes comprendront ?
19. Que crient les chevaux des autres îles ?
20. De quoi les hommes ne se doutent-ils pas ?

✒§ *Written Drill A*

Mettez les phrases suivantes au futur en effectuant les changements nécessaires. Employez le nouveau sujet donné entre parenthèses.

MODÈLE : Je m'ennuie avec mes frères. (Tu)
RÉPONSE : **Tu t'ennuieras avec tes frères.**

1. Marie se moque des autres. (Marie et Anne)
2. Il répond à ses amis. (Elle)
3. Nous repartons dans notre bateau. (Vous)
4. Nous n'osons pas parler. (Ils)
5. Je m'en vais à neuf heures. (Elle)
6. Tu te plains de tout. (Vous)
7. Elle se demande ce que c'est. (Je)

8. Ils se doutent de tout.   (Tu)
9. Vous pensez à votre projet.   (Paul)
10. Elle a envie de chanter.   (Nous)

✍️ Written Drill B

Complétez les phrases suivantes avec le pronom *lequel*. Faites les accords nécessaires.

MODÈLE :   Voilà la voiture dans _____ je suis venu.
RÉPONSE :   **Voilà la voiture dans laquelle je suis venu.**

1. Voilà les îles sur _____ vivent les autres chevaux.
2. Voilà les bateaux sur _____ ils vont repartir.
3. Voilà les animaux avec _____ les hommes ont été très généreux.
4. Voilà la cravache avec _____ l'homme frappe le cheval.
5. Voilà les brancards avec _____ on attache le cheval.
6. Voilà les murs sur _____ l'homme a écrit.
7. Voilà la boîte dans _____ je mets les bijoux.
8. Voilà le carosse dans _____ les grands arrivent.

Lise Deharme

Lise Deharme (1902–   ), while collaborating with writers of the Surrealist movement such as Aragon, Breton, and Gracq, developed her own individual mode of expression. An atmosphere of semiobscurity and mystery pervades her stories and novels. Les Années perdues (1961) is a journal of the war and postwar years covering the period 1939–49.

"Cette Année-là . . . " is a brief selection taken from a book of the same title published in 1945. The various episodes in the book all take place during the German occupation. Those people who remained in Paris tried to tune in Radio London every evening to hear an uncensored version of the news and to receive personal messages from friends and family members who had left the country. Certain apparently meaningless sentences and isolated lines of poetry were codes for the members of the Resistance movement; for example, "Les sanglots longs des violons" was a sign that the invasion of Normandy was under way.

Vocabulaire

avoir mauvaise mine   avoir l'air malade

mon pauvre vieux   (expression amicale)

hanté   *haunted*

un roman noir   récit d'aventures imaginaires et sombres   **c'est à ne
pas croire**   c'est incroyable, fantastique

LISE DEHARME

Cette Année-là...

Cette année-là.....

« Vous avez mauvaise mine, mon pauvre ami. » —
« Oui ! » — « Vous êtes malade, triste, ruiné ? » — « Non, mon
pauvre vieux, je suis hanté. » — « Hanté ? » — « Hanté,
comme un roman noir, c'est à ne pas croire, moi-même je n'y   5

il y a huit jours huit jours passés **il y eut** (passé simple de l'expression **il y a**)

la speakerine femme qui annonce les programmes à la radio

ne quittez pas l'écoute continuez à écouter

la guerre = la Seconde Guerre mondiale

tel geste un certain geste **en train de** *in the act of*

faire une blague à *play a joke on*

Par-dessus *above*
un souffle ici, *a gust of fresh air*

soutenu prolongé **jamais brouillé** toujours clair
effrayant qui fait peur
sans suite sans ordre, sans sens
pris dans = trouvé dans **la recette de cuisine** *recipe* **le conseil** *advice*
la santé *health* **tout à coup** soudainement
siffler *to whistle*

exténué très fatigué

se tromper faire une erreur
au Bon Marché (*Parisian department store, on the Left Bank*)
 aux Trois Quartiers (*Parisian department store, on the Right Bank*)
mentir dire des choses qui ne sont pas vraies

elle endort mes pensées elle m'hypnotise
effacer *to erase, make disappear*

croyais pas. » — « Hanté, par quoi ? » — « Par une voix —
une voix à la radio. » — « Comment ça ? » — « Eh ! bien,
voilà. J'écoutais les communiqués à la radio, tous les jours,
comme tout le monde, lorsqu'il y a huit jours il y eut *la voix.* »
— « La voix de qui ? » — « Je ne sais pas, elle ne le dit pas. 5
C'est une voix de femme. Une voix merveilleuse, pas une voix
de speakerine, non, une voix de femme. » — « Qu'est-ce qu'elle
dit ? » — « Ah ! pour commencer, toujours la même chose :
« Après le communiqué, ne quittez pas l'écoute... Henri. » —
« Il y a beaucoup d'Henri. » — « Non, c'est bien moi, elle 10
dit en criant comme les chauffeurs de taxi, avant la guerre :
« Henri, de la rue de Grenelle » et elle ajoute : « celui qui
fait tel geste » — et c'est toujours le geste que je suis en
train de faire, toujours. » — « Alors ce n'est pas une amie
qui habite ici et qui te ferait une blague ? » — « C'est 15
en effet difficile à imaginer. » — « Continue, mon vieux ? »
— « Par-dessus les guerres, les nouvelles diplomatiques,
les explications de coups, il y a sa voix en relief comme un
souffle, tu ne peux savoir, mon vieux ! cette voix d'enfant,
presque, soutenue, jamais brouillée par cette grande symphonie 20
fantastique, c'est effrayant... » — « Mais qu'est-ce qu'elle
dit ? » — « Tout, des mots admirables sans suite, des phrases
entières prises dans des livres, des recettes de cuisine, des conseils pour ma santé et puis, tout à coup, elle chante, elle pleure
ou elle siffle et pour finir elle me donne des rendez-vous. » — 25
« Des rendez-vous ? » — « Oui, j'y vais toujours, il n'y a
jamais personne. Je ne travaille plus mais je rentre exténué.
Alors au communiqué de sept heures et demie j'entends :
« Henri de la rue de Grenelle s'est encore trompé, il a été au
Bon Marché au lieu d'aller aux Trois Quartiers ! » Et je sais 30
qu'elle ment, mais le lendemain j'y retourne. » — « Tu n'as
qu'à ne pas y aller. » — « Je ne peux pas ne pas y aller d'ailleurs elle me console, elle chante, elle endort mes pensées, elle
efface tout avec sa voix. » — « Et si tu essayais de ne pas aller

rien que   seulement
p'tête   = peut-être
truqué   *tampered with*

on y est   = nous sommes arrivés
le lustre   *ceiling light*
le tour   *turn*
j'peux pas   = je ne peux pas   **j'suis**   = je suis
veuillez écouter   écoutez s'il vous plaît

sois   (impératif d'**être**) *be*

Le glaçon   *ice cube*

lâchez   laissez tomber

où elle te dit, rien que pour voir ? » — « Si elle ne revenait
plus ! » — « Écoute, mon pauvre vieux, c'est p'tête ta radio
qui est truquée ; il est neuf heures, montons chez moi, dans un
quart d'heure nous verrons bien tu n'as jamais écouté ailleurs ? » — « Non, j'ai peur, peur du ridicule, peur de... je 5
ne sais, moi, peur de choses vagues. » — « Bon, on y est ;
allume le lustre, sans ça la radio ne marche pas, bon, tourne
le bouton, un tour seulement. » — « Pierre, Pierre, non, attends ! J'ai une angoisse horrible, j'peux pas t'expliquer, j'suis
jaloux. » — « Jaloux ? » — « Ici Londres, veuillez écouter tout 10
d'abord quelques messages personnels. » — « Allons, mon
vieux, donne-moi la main et sois calme, sois calme. Tout ça va
rentrer dans son état normal, tu vas voir. » — « Le fauteuil
est au milieu du salon, je dis : Le fauteuil est au milieu du
salon. » « Le glaçon rencontrera Vénus. » « Nic et Pouf sont 15
bien arrivés au Gaurisankar... »[1] « Après le communiqué, ne
quittez pas l'écoute : Pierre, du boulevard des Italiens, Pierre,
Pierre, lâchez la main de votre ami... »

---

[1] Comme Henri l'a indiquée, les phrases n'ont aucune signification.

◂§ Questions

1. Pourquoi Henri a-t-il mauvaise mine ?
2. Est-il vraiment malade ou ruiné ?
3. Par quoi est-il hanté ?
4. D'où vient cette voix ?
5. Quand a-t-il entendu la voix pour la première fois ?
6. A qui appartient la voix ?
7. Quelle sorte de voix est-ce ?
8. Que dit la voix ?
9. Quel geste décrit la voix ?
10. Est-ce que c'est la voix d'une amie qui habite près de chez Henri ?
11. Pour finir, qu'est-ce qu'elle donne à Henri ?
12. Quand Henri arrive au rendez-vous est-ce que la femme est là ?
13. Qu'est-ce qu'il sait alors ?
14. Le lendemain, qu'est-ce qu'il fait ?
15. Est-ce qu'Henri peut ne pas y aller ?
16. Que fait-elle pour qu'Henri y retourne ?
17. Pourquoi Pierre veut-il écouter les communiqués chez lui ?
18. Pourquoi Henri n'a-t-il jamais écouté ailleurs ?
19. De quoi Henri a-t-il peur ?
20. Henri a-t-il raison d'être jaloux ?

◂§ Written Drill A

Mettez les phrases suivantes à l'imparfait.

MODÈLE :   Je me trompe.
RÉPONSE :   **Je me trompais.**

1. Vous êtes malade.
2. Je suis hanté.
3. Je n'y crois pas.
4. Je fais le travail.
5. J'écoute les communiqués.
6. Je fais le travail.
7. Il y a huit jours que cela dure.

8. Je ne sais pas.
9. Elle ne le dit pas.
10. J'y vais toujours.
11. Je ne peux pas.
12. Si elle ne revient pas...
13. J'ai peur.
14. On y est.

⤚§ *Written Drill B*

Pour chaque question écrivez une seule phrase selon les modèles ; employez *qui* ou *que*.

MODÈLE :   C'est Henri de la rue de Grenelle. Il fait tel geste.
RÉPONSE :   **C'est Henri de la rue de Grenelle qui fait tel geste.**

MODÈLE :   C'est toujours la radio. J'écoute la radio.
RÉPONSE :   **C'est toujours la radio que j'écoute.**

1. C'est une amie. Elle habite ici.
2. C'est une amie. Vous connaissez cette amie.
3. C'est une amie. Elle te ferait une blague.
4. Henri de la rue de Grenelle s'est trompé. Il a été au Bon Marché.
5. C'est la radio. Elle est truquée.
6. Je n'aime pas ces choses. Elle dit ces choses.
7. Lâchez la main. Vous tenez la main.
8. Tourne le bouton. Le bouton est sur la radio.
9. Elle me donne des conseils. Ces conseils sont admirables.
10. Voilà la voix. Vous avez entendu cette voix hier soir.

⤚§ *Written Drill C*

Mettez les phrases suivantes à la forme négative. Employez la négation donnée entre parenthèses.

MODÈLE :   Elle vient à Paris.   (ne... plus)
RÉPONSE :   **Elle ne vient plus à Paris.**

1. Vous avez mauvaise mine.   (ne... pas)
2. Je sais.   (ne... pas)

3. Elle le dit.   (ne... pas)
4. C'est une voix de femme.   (ne... pas)
5. Quittez l'écoute.   (ne... pas)
6. C'est une amie qui habite ici.   (ne... pas)
7. Tu peux savoir.   (ne... pas)
8. Il y a de longs communiqués.   (ne... jamais)
9. Si elle revenait.   (ne... plus)
10. Tu as écouté alors.   (ne... jamais)
11. On y est.   (ne... pas)
12. Je peux t'expliquer.   (ne... pas)

Jérôme et Jean Tharaud

Jérôme (1874–1953) and Jean (1877–1952) Tharaud,
members of the Académie française, *collaborated for more*
than a half-century in the writing of stories, novels, and
articles.

Les Contes de la vierge *(1902), in which "La Vierge*
aux oiseaux" appears, is one of their first works. In adapting
medieval tales about the Virgin Mary and the miracles she
wrought, Jérôme and Jean Tharaud took care to retain the
simplicity of style and the occasional poetic repetitiveness
of their models.

Vocabulaire

La Vierge = la Vierge Marie
l'enfant = l'enfant Jésus

fuyait (imparfait de **fuir**) *was fleeing*
le soldat *soldier*

En chemin sur la route

la colombe *dove*

JÉRÔME ET JEAN THARAUD

La Vierge aux oiseaux

La Vierge fuyait avec l'enfant devant les soldats du roi Hérode.

En chemin elle rencontra la colombe, et la colombe lui demanda :

— Où vas-tu avec ton enfant ?

5

Je fuis (présent de **fuir**)
apercevait pouvait voir   **la poussière** *dust*
s'envola (passé simple de **s'envoler**) *flew away*

la caille *quail*

l'alouette *f*   *lark*

le juron *swear word*   **le soudard** *uncouth soldier*
fit (passé simple de **faire**)   **cacher** *to hide*   **une touffe de sauges**
  a clump of sage

avait suivi (plus-que-parfait de **suivre**) *had taken*

La Vierge alors lui répondit :

— Je fuis les soldats du roi Hérode.

Mais déjà on apercevait la poussière que faisaient les cavaliers, et la colombe s'envola.

La Vierge continuait de fuir devant les soldats du roi Hérode. 5

En chemin elle rencontra la caille, et la caille lui demanda :

— Où vas-tu avec ton enfant ?

La Vierge alors lui répondit : 10

— Je fuis les soldats du roi Hérode.

Mais déjà on entendait le galop des chevaux, et la caille aussi s'envola.

La Vierge s'enfuyait toujours devant les soldats du roi Hérode. 15

En chemin elle rencontra l'alouette, et l'alouette lui demanda :

— Où vas-tu avec ton enfant ?

La Vierge alors lui répondit :

— Je fuis les soldats du roi Hérode. 20

Mais déjà on entendait les jurons des soudards, et l'alouette fit cacher la Vierge derrière une touffe de sauges.

Les soldats d'Hérode ont rencontré la colombe, et ils ont dit à la colombe :

— Colombe, as-tu vu passer une femme avec son enfant ? 25

La colombe leur a répondu :

— Soldats, elle a passé par ici.

Et elle leur montra le chemin que la Vierge avait suivi.

Les soldats d'Hérode ont rencontré la caille, et ils ont dit à la caille : 30

— Caille, as-tu vu passer une femme avec son enfant ?

La caille leur a répondu :

Or maintenant, alors (style ancien)   **sachez** (impératif de **savoir**)
ici, *I would have you know*   **ce qu'il advint** (passé simple d'ad-
venir) *what happened*   **roucouler** *to coo*   **une plainte** *complaint*   **raser la terre** (**raser** : *to shave*) ici, *to skim the ground*
le vol mouvement d'un oiseau qui s'envole   **livrer** *to deliver*
le chasseur homme qui essaie de tuer les animaux et les oiseaux
Quant à *as for*   **la récompense** *reward*   **le salut** *greetings*

— Soldats, elle a passé par ici.

Et elle leur montra, à son tour, le chemin que la Vierge avait suivi.

Les soldats d'Hérode ont rencontré l'alouette, et ils ont dit à l'alouette : 5

— Alouette, as-tu vu passer une femme avec son enfant ?

L'alouette leur a répondu :

— Soldats, elle a passé par ici.

Mais elle les conduisit très loin de la sauge, de la Vierge et de l'enfant. 10

Or, sachez à présent ce qu'il advint des trois oiseaux.

Dieu a condamné la colombe à roucouler une plainte sans fin, et la caille à raser la terre d'un vol qui la livre au chasseur.

Quant à l'alouette, sa récompense est de porter, chaque matin, le salut de la Vierge au soleil. 15

~§ *Questions*

1. Devant qui la Vierge fuyait-elle ?
2. Avec qui fuyait-elle ?
3. Quel est le premier oiseau que rencontre la Vierge ?
4. Que demande la colombe à la Vierge ?
5. Que fait la colombe quand elle aperçoit la poussière que faisaient les cavaliers ?
6. Quel oiseau la Vierge rencontre-t-elle ensuite ?
7. Est-ce que la caille s'envole aussi ?
8. Est-ce que l'alouette s'envole comme la colombe et la caille ?
9. Où l'alouette cache-t-elle la Vierge ?
10. Qui montre le chemin de la Vierge aux soldats ?
11. Où l'alouette conduit-elle les soldats ?
12. A quoi Dieu a-t-il condamné la colombe ?
13. A quoi Dieu a-t-il condamné la caille ?
14. Quelle est la récompense de l'alouette ?
15. Les oiseaux ont-ils tous dit la vérité ?
16. Pourquoi la caille et la colombe ont-elles été condamnées ?

~§ *Written Drill A*

Mettez les phrases suivantes à l'imparfait.

MODÈLE : On rencontre des soldats.
RÉPONSE : **On rencontrait des soldats.**

1. Elle fuit les soudards.
2. Il continue son chemin.
3. Nous entendons les chevaux.
4. Vous nous montrez la caille.
5. Il s'enfuit toujours.
6. Ils font leur plainte.
7. Tu aperçois le roi.
8. On entend les alouettes.

ᴥᵇ *Written Drill B*

a. Répondez à la forme affirmative: employez des pronoms dans votre réponse.
b. Répondez à la forme négative: employez des pronoms dans votre réponse.

MODÈLE : Demande-t-il une réponse au garçon ?
RÉPONSE : a. **Oui, il la lui demande.**
         b. **Non, il ne la lui demande pas.**

1. Porte-t-il le salut au roi ?
2. Livrait-il la caille aux chasseurs ?
3. Montre-t-elle le chemin aux cavaliers ?
4. Répondait-elle toujours à la Vierge ?
5. Demande-t-il le chemin au soudard ?
6. Portait-il l'enfant à la Vierge ?
7. Montre-t-il les oiseaux aux chasseurs ?
8. Livre-t-elle les enfants aux soldats ?

Georges Duhamel

Georges Duhamel shows his love for children and his powers of observation in "Philosophie du pouvoir," another selection in his Fables de mon jardin. The organization of the children's play activities furnishes a surprising parallel to power structures in modern society.

le pouvoir *power*

Vocabulaire

le clos *yard, enclosure*   **y** = à leur jeu (*game*)   **prendre de la peine** travailler beaucoup

La pelle *shovel*   **la pioche** *pickax*   **creuser** ce qu'on fait avec la pelle (*to dig*)   **le trou** *hole*

élever construire   **la muraille** une sorte de mur (*wall*)   **le moellon** grosse pierre (*stone*) avec laquelle on construit des murs

cheminer marcher   **le bout** *end*

GEORGES DUHAMEL

Philosophie du pouvoir

Les enfants jouaient dans le clos. Ils y prenaient beaucoup
de peine. La pelle et la pioche en main, les uns creusaient de
grands trous. Les autres transportaient la terre. D'autres encore
élevaient des murailles et mettaient moellon sur moellon.

Bernard et Gérard cheminaient d'un bout à l'autre du 5

le chantier   *construction site*   **surveiller**   observer (avec autorité)
  la besogne   travail

le meilleur   (superlatif de **bon**) *the best*   **instruit**   qui connaît beaucoup de choses

diriger   *to manage, organize*

crieraient   (conditionnel de **crier**) *would cry out*

ajouter   *to add*   **tous tant qu'ils sont**   *all of them the way they are*

ennuyer   *to bore*   **les calculs**   *calculations*   **tout ce qu'il faut faire**
  all that must be done

marcher   *to work*   **vouloir bien**   *to be willing*

Aussi   *and so* (followed by inverted word order)

chantier, surveillaient la besogne, donnaient des ordres, enfin décidaient de tout.

— En vertu de quel droit, leur dis-je, vous faites-vous obéir ? Sans doute êtes-vous les meilleurs, les plus instruits, les plus sages ?

Les deux garçons me regardèrent avec un peu d'embarras.

— C'est vrai, dit Gérard, on dirige ; mais on ne le leur dit pas. S'ils le savaient, ils crieraient.

— Et puis, ajouta Bernard, tous tant qu'ils sont, ça les ennuie de faire les additions, les calculs et tout ce qu'il faut faire pour que notre jeu marche. Mais, nous deux, nous voulons bien. Alors, c'est nous qui commandons.

Il n'y avait rien à répondre. Aussi ne répondis-je rien.

✒§ *Questions*

1. Qui jouait dans le clos ?
2. Les enfants prenaient-ils beaucoup de peine ?
3. Avec quoi creusaient-ils de grands trous ?
4. Que transportaient les enfants ?
5. Où cheminaient Bernard et Gérard ?
6. Qui surveillait la besogne ?
7. De quoi Bernard et Gérard décidaient-ils ?
8. En vertu de quel droit Bernard et Gérard se font-ils obéir ?
9. Les enfants savent-ils que Bernard et Gérard dirigent le jeu ?
10. Que feraient-ils s'ils le savaient ?
11. Les autres enfants aiment-ils faire les additions et les calculs ?
12. Les additions et les calculs sont-ils nécessaires au jeu ?
13. Qui veut bien faire les additions ?
14. Pourquoi Bernard et Gérard commandent-ils ?
15. Que répond le narrateur ?
16. Expliquez la philosophie du pouvoir.

✒§ *Written Drill A*

Mettez les phrases suivantes à l'imparfait.

1. Les enfants prennent beaucoup de peine.
2. Elles transportent la terre.
3. Ils creusent des trous.
4. Ils donnent des ordres.
5. Elles élèvent des murailles.
6. Ils cheminent d'un bout à l'autre.
7. Ils surveillent le chantier.
8. Les uns mettent moellon sur moellon.
9. D'autres jouent avec les pelles.
10. Ils décident de tout.

✍§ *Written Drill B*

Écrivez les phrases suivantes en mettant l'adjectif au superlatif.

1. Nous sommes sages.
2. Les hommes instruits commandent.
3. Les grands garçons se font obéir.
4. Les petits enfants jouent dans le clos.
5. Vous êtes bons.
6. Bernard et Gérard sont sérieux.
7. Les hommes intelligents décident de tout.

Jules Supervielle

Jules Supervielle (1884–1960), born in Montevideo, Uruguay, of French parents, was sent to Paris for higher education, and he divided his life and his affections between the two countries. Though attracted by the Surrealist movement, Supervielle remained primarily a lyric poet, as in Gravitations *(1925). His novels and short stories poetically introduce the reader to a light, almost airy, universe where the supernatural is occasionally present (* L'Enfant de la haute mer, *1931).*

The young protagonist in "Le Bol de lait," a story taken from the collection L'Arche de Noé *(1938), is caught up in a Kafkaesque world in which he conscientiously carries out his daily task without questioning its significance or utility.*

Le Bol *bowl*   *Vocabulaire*

hâve pâle, maigre   **tenace** qui a beaucoup de volonté ; qui ne
change pas facilement d'idée ou d'opinion

éloigné *distant*   **ne se nourrissait que de** prenait seulement

guetter attendre

se hâter aller vite

JULES SUPERVIELLE

Le Bol de lait

Un jeune homme hâve mais tenace portait à travers Paris un grand bol de lait, le plus plein possible, pour sa mère qui habitait un quartier éloigné et ne se nourrissait que de ce lait. Chaque matin, elle guettait à sa fenêtre l'arrivée du bol.

Le jeune homme se hâtait parce que sa mère avait faim, il   5

se **dépêcher** se hâter   **la crainte** peur   **renverser** *to spill*
Il lui arrivait de souffler dessus *sometimes he would blow on it*   **rap-**
procher du bord pousser vers le côté
enlever faire sortir ; ôter   **la suie** *soot*

l'épicier *m* *grocer*   **qui fait le coin** *who has a shop on the corner*

depuis longtemps *a long time ago*   **l'étalage** *m* exposition de marchandises

ce qui restait au fond *what was left at the bottom*

tu as dû te faire bousculer *you must have gotten jostled*
en chercher d'autre *to get some more*

baissant la tête *lowering his head*
défendu *forbidden*
la bouteille *bottle*

Bois (impératif de **boire**) *drink*
Il s'en évapore toujours un peu *a little always evaporates*
s'assurer être sûr
la goutte *drop*
avaler boire
tenir résister à la mort ; vivre
faiblissant qui devient faible
la buveuse celle qui boit

plus qu'il n'en faut *more than is necessary*
vaillant fort ; en bonne santé   **si ça ne va pas** si je me trouve malade
que ici, mais
retirer enlever

se rendre à aller à   **vider** *to empty*
l'évier *m* *sink*
croiser rencontrer

le savait, mais ne se dépêchait pas trop, par crainte de renverser du liquide. Il lui arrivait de souffler dessus pour rapprocher du bord et enlever délicatement un peu de suie ou quelque poussière.

Et parfois l'épicier qui fait le coin de la rue de Berri et de la rue de Penthièvre pensait : « Il est tard, le bol de lait est passé depuis longtemps et je n'ai pas fini mon étalage. »

« Je ne voudrais pas te faire de peine, mon ami, disait la mère au jeune homme en voyant ce qui restait au fond du bol, mais aujourd'hui il y en a moins qu'hier. Pauvre petit, ce que tu as dû te faire bousculer !

— Je vais aller en chercher d'autre.

— Mais tu sais bien que c'est impossible.

— C'est vrai, disait le garçon, baissant la tête.

Il lui était aussi totalement défendu de mettre le lait dans une bouteille, pour le transport. Défendu, par qui?

Quand le jeune homme entrait dans la chambre, il commençait toujours par dire : « Bois, maman. » C'était sa façon de lui dire bonjour. Il ajoutait : « Dépêche-toi de boire. Il s'en évapore toujours un peu. » Et, pour s'assurer que pas une goutte ne se perdait, il regardait la pomme d'Adam maternelle aller et venir pendant qu'elle avalait.

« Elle ne pourra pas tenir longtemps », pensait avec tristesse le garçon qui évaluait chaque jour les forces de la faiblissante buveuse de lait.

— Mais ce grand bol, c'est tout de même pas mal et peut-être plus qu'il n'en faut à mon âge. D'ailleurs, je me sens très vaillante et si ça ne va pas, je me coucherai.

Et elle était morte depuis longtemps que son fils continuait d'apporter le lait chaque matin, d'en retirer la suie ou la poussière, mais gardant pour lui son : « Bois, maman », il se rendait à la cuisine pour y vider son bol, avec de filiales précautions, jusqu'à la dernière goutte, dans l'évier.

Les hommes que vous croisez dans la rue, êtes-vous sûrs

qu'ils aient (présent du subjonctif d'avoir) *that they have*

Certes bien sûr ; évidemment **vous pourriez** (conditionnel de **pouvoir**) *you could* **interroger** poser des questions à

n'en est-il pas *aren't there some* **seraient** (conditionnel d'**être**) *would be*

aussi embarrassés... que *as embarrassed . . . as*

accomplir faire

par tous les temps *in all kinds of weather*

qu'ils aient toujours une raison compréhensible d'aller d'un
point de la ville à un autre ? Certes, vous pourriez en interroger
quelques-uns. Ils diraient : « Je vais à mon travail » ou « chez
le pharmacien » ou ailleurs. Mais n'en est-il pas qui seraient
aussi embarrassés pour vous répondre, si vous preniez la peine 5
de les interroger, que ce malheureux garçon condamné à accomplir ces mêmes gestes, chaque jour, à la même heure, par
tous les temps ?

✒ Questions

1. Que faisait le jeune homme tous les matins ?
2. Pour qui faisait-il cela ?
3. Où habitait sa mère ?
4. De quoi se nourrissait-elle ?
5. Pourquoi le bol était-il le plus plein possible ?
6. Que faisait la mère en attendant le retour de son fils ?
7. Pourquoi le jeune homme se dépêchait-il ?
8. Pourquoi ne se dépêchait-il pas trop ?
9. Qu'est-ce qui tombait quelquefois dans le lait ?
10. Que faisait-il pour enlever un peu de suie ou quelque poussière ?
11. Comment l'épicier sait-il qu'il est tard ?
12. Comment la mère sait-elle que son fils s'est fait bousculer ?
13. Le jeune homme peut-il chercher d'autre lait ?
14. Pourquoi ne mettait-il pas le lait dans une bouteille ?
15. Comment le jeune homme disait-il bonjour à sa mère ?
16. Que faisait le jeune homme pendant que sa mère buvait le lait ?
17. La mère avait-elle besoin de beaucoup de lait ?
18. Après la mort de sa mère, que faisait le jeune homme ?
19. Disait-il toujours « Bois, maman » ?
20. Que faisait-il dans la cuisine ?
21. A quoi le malheureux garçon est-il condamné ?

✒ Written Drill A

Employez l'imparfait et le conditionnel selon le modèle.

MODÈLE : Le jeune homme marche lentement. Il ne renverse pas de liquide.

RÉPONSE : **Si le jeune homme marchait lentement, il ne renverserait pas de liquide.**

1. Le jeune homme ne porte pas de lait. Sa mère ne le guette pas.
2. Sa mère a faim. Il se hâte.
3. Un peu de suie tombe dans le lait. Il l'enlève.
4. Le bol de lait est passé. Il est tard.

5. Il ne reste plus de lait. Le jeune homme en cherche d'autre.
6. Il a une bouteille. Il n'en perd pas une seule goutte.
7. Ça ne va pas. Je me couche.
8. Vous interrogez des hommes dans la rue. Ils disent : « Je vais à mon travail. »

✒ *Written Drill B*

Écrivez à nouveau la phrase en remplaçant la partie en italique par *y* ou *en*.

MODÈLE :   Le jeune homme allait *dans un quartier éloigné.*
RÉPONSE :   **Le jeune homme y allait.**

1. Le garçon portait *du lait.*
2. Sa mère attendait son fils *à la fenêtre.*
3. Il y avait peu *de lait* dans le bol.
4. L'épicier habitait *au coin de la rue.*
5. Il y a moins *de lait* aujourd'hui qu'hier.
6. L'épicier avait beaucoup *de fruits.*
7. Il lui était défendu de mettre le lait *dans une bouteille.*
8. J'ai croisé mes amis *dans la rue.*
9. Ils disaient, « Je vais *à mon travail.* »
10. Elle va *chez le pharmacien.*

Joseph Kessel

Joseph Kessel (1898–   ), member of the Académie française, *was born in Argentina and educated in France. His
experiences in the French Air Force in World War I
furnished the background for* L'Équipage *(1923). After
the Armistice he set out on a leisurely tour of the world
and subsequently combined his personal literary work with
a professional career in journalism. During World War II
he joined the Air Force of the* Forces Françaises Libres,
which was based in England. His best-known novel is
Le Lion *(1958).*

"Une Aventure de Jean-François" appeared in L'Armée
des ombres, chronique de la Résistance *(1944). The Resistance was a clandestine organization composed of
Frenchmen who opposed the German occupation and the
government of Marshal Pétain. The individual groups, or*
maquis, *frequently claimed General de Gaulle as their
leader and called themselves* Gaullistes. *In this selection
Jean-François is arrested by Vichy policemen, who have
orders to imprison anyone carrying arms illegally.*

Vocabulaire

maquis *French Resistance movement during the German occupation 1940–44*

s'y rend = y va

le ravitaillement action de chercher des munitions et des vivres (vin, pain, viande, etc.)

arrêter appréhender **policiers français** (NOTE: Pendant l'occupation, le gouvernement du Maréchal Pétain à Vichy collaborait avec les Allemands.)

JOSEPH KESSEL

Une Aventure de Jean-François

La région du maquis où travaille Jean-François n'est pas
très loin d'une ville assez importante. Jean-François s'y rend
souvent pour le ravitaillement, les liaisons, les faux ordres de
mission, etc. Il s'y est rendu trop souvent, je pense, parce qu'il
a été arrêté à la descente du train. Par des policiers français.   5

le passage   temps qu'il a passé   **le corps-franc**   *independent combat unit*

garder   *to keep*   **le goût de**   *taste for*

la foule   multitude de personnes

étroit   *narrow*   **la sortie**   porte par où on sort

défaire   ici, ouvrir   **la fermeture**   *lock, clasp*   **répandre**   laisser tomber   **le contenu**   ce qui est dans (la valise)

le sol   terre   **En ramassant**   *while picking up*   **glisser**   *to slip*

la poche   *pocket*   **Tandis que**   pendant que   **le Commissariat** *police station*   **se baisser**   (antonyme : se lever)

renouer les lacets   *to retie shoelaces*   **le soulier**   chaussure

le ruisseau   *gutter*   **le trottoir**   *sidewalk*

ont conçu   (passé composé de **concevoir**)   **quelque méfiance**   des doutes

les menottes *f*   *handcuffs*

Enlever   (antonyme : mettre)

A peine... que   *scarcely, hardly . . . than*   **sautaient**   étaient enlevées

le poignet   partie du bras qui joint la main à l'avant-bras

se détendre   s'ouvrir

s'accrocher à   *to hook onto*

secouer   *to shake*   **repousser**   *to push back*

a couru   (passé composé de **courir**)   *ran*   **le curé**   prêtre catholique

Au voleur !   *Stop thief!*   **hurler**   crier

se mettre à   commencer   **la poursuite**   action de courir après quelqu'un

Gaulliste   (NOTE: Beaucoup de membres de la Résistance considéraient de Gaulle comme leur chef.)

aussitôt   tout de suite après   **boucher**   fermer   **l'issue** *f*   sortie

le seuil   *threshold*

se dépêtrer   *to get loose, get untangled*   **la soutane**   robe du curé

hors de prise   libre

le signalement   description d'une personne qu'on recherche

se déchirer   *to get torn*   **la bagarre**   bataille

De son passage dans les corps-francs, Jean-François a gardé le goût des grenades. Il en avait trois dans sa valise. Comme ses deux gardiens et lui avançaient parmi la foule des voyageurs dans l'étroite sortie de la gare, Jean-François a pu défaire la fermeture de sa valise et en répandre le contenu sur le sol. En ramassant ses affaires il a glissé les grenades dans ses poches. Tandis qu'on le conduisait au Commissariat il s'est baissé deux fois pour renouer les lacets de ses souliers. Les grenades sont restées dans le ruisseau du trottoir.

Les policiers ont conçu à ce moment quelque méfiance de ses mouvements et lui ont mis les menottes.

« Enlevez-lui ça un instant pour qu'il puisse signer sa déposition », a dit le commissaire lorsque Jean-François a été devant lui. A peine les menottes sautaient de ses poignets que les deux bras de Jean-François se détendaient et frappaient de chaque côté un inspecteur. En tombant ils se sont accrochés à Jean-François. Il les a secoués, a repoussé le commissaire et couru vers la sortie du bureau de police. Un curé entrait à ce moment.

« Au voleur ! au voleur ! » hurlaient les inspecteurs qui s'étaient mis à la poursuite de Jean-François. Le curé s'est placé en travers de la porte.

« Gaulliste ! Gaulliste !... » a crié Jean-François.

Le curé l'a laissé passer et aussitôt a bouché l'issue aux inspecteurs. Ils ont roulé ensemble sur le seuil. Tandis que les policiers se dépêtraient de la soutane, Jean-François a tourné dans une rue, une autre, une autre encore, et s'est trouvé hors de prise.

Mais pour combien de temps ? Son signalement était donné. Son veston s'était déchiré dans la bagarre. En allant chez l'une des personnes qu'il connaissait, il risquait de mettre la police sur les traces de toute l'organisation locale. Il fallait quitter la ville au plus vite. Mais la gare était plus surveillée

une boutique de coiffeur barbershop
le patron ici, le coiffeur   **en traînant ses pantoufles** *dragging his slippers*
la figure visage   **chafouin** qui a une expression rusée
la paupière *eyelid*   **mou, molle** (antonyme : dur)
l'indicateur *m* personne qui renseigne la police

raser couper ; ici, enlever complètement   **teindre** changer de couleur
cendré couleur des cendres (*ashes*)
le pari *bet*

Je suis vendu *I'm done for*

méconnaissable impossible à reconnaître
pénible (antonyme : agréable)

la monnaie *change*

le rideau *curtain*   **fort sale** (antonyme : très propre)

le parti choix   **assommer** frapper la tête de quelqu'un avec un objet lourd
l'imperméable *m* manteau qui protège contre la pluie

On se fait remarquer *one stands out, is easily noticed*

que tout autre endroit. Jean-François décide de s'en aller à pied mais auparavant il a voulu changer d'aspect. Il entre dans une boutique de coiffeur où il n'y avait personne. Il appelle le patron. Celui-ci sort de l'arrière-salle en traînant ses pantoufles. Il avait une figure déplaisante, chafouine, et des 5 yeux prudents cachés derrière des paupières molles. Une vraie tête d'indicateur. Mais Jean-François n'avait ni le temps ni le choix. Il dit qu'il voulait faire raser sa moustache et teindre en noir ses cheveux qu'il a naturellement d'un blond cendré.

— Une blague que j'ai préparée. Un pari avec une petite 10 amie, dit-il.

Le coiffeur ne répond rien. Il se met au travail en silence. De temps en temps, dans la glace, Jean-François cherche le regard du coiffeur. Il ne le trouve jamais. Ils n'échangent pas un mot durant une heure. 15

« Je suis vendu », pensait Jean-François.

— Ça va ? demande enfin le coiffeur.

— Très bien, dit Jean-François.

Il était en effet méconnaissable. Cette face brune, dure, lui était même pénible à regarder. Il donne vingt francs au 20 coiffeur.

— Je vous rapporte la monnaie, dit celui-ci.

— Ce n'est pas la peine, dit Jean-François.

— Je vous rapporte la monnaie, répète le coiffeur.

Il disparaît derrière un rideau fort sale. Jean-François 25 était à ce point certain de se voir dénoncer qu'il hésitait entre deux partis. Fuir simplement, ou assommer l'homme avant de fuir. Il n'a pas eu le temps de décider. Le coiffeur est revenu presque tout de suite avec, sur les bras, un vieil imperméable.

— Mettez vite ça, dit-il à voix basse et toujours sans 30 regarder Jean-François. Le manteau n'est pas beau mais je n'ai que celui-là. On se fait remarquer avec des vêtements déchirés comme les vôtres.

Jean-François raconte cette aventure gaîment comme

au guet   qui observe
l'épaule *f*   *shoulder*

toujours, mais cette gaîté ne m'a pas semblé avoir sa fraîcheur ordinaire. Le rire est un peu durci. C'est peut-être le teint des cheveux, devenus d'un noir d'encre, qui change toutes les expressions de Jean-François. Ou peut-être, lui aussi, il commence à porter la marque de l'homme en danger perpétuel et à sentir cette invisible présence toujours au guet derrière ses épaules.

✆§ Questions

1. Pour quel groupe Jean-François travaillait-il ?
2. Qu'est-ce que c'est que le « maquis » ?
3. A quelle époque cette histoire a-t-elle lieu ?
4. Qu'est-ce que Jean-François va faire dans la ville ?
5. Est-ce que Jean-François se rendait souvent à la ville ?
6. Où a-t-il été arrêté ?
7. Par qui Jean-François a-t-il été arrêté ?
8. Qu'est-ce que Jean-François avait dans sa valise ?
9. Y avait-il beaucoup de voyageurs à la gare ?
10. La sortie de la gare était-elle large ou étroite ?
11. Qu'est-ce qui s'est répandu sur le sol ?
12. Où Jean-François a-t-il glissé les grenades ?
13. Pourquoi Jean-François s'est-il baissé deux fois en allant au Commissariat ?
14. Quand les policiers ont conçu quelque méfiance, qu'ont-ils fait ?
15. Pourquoi a-t-on enlevé les menottes à Jean-François ?
16. Qu'est-ce que Jean-François a fait au moment où on lui a enlevé les menottes ?
17. Qui entrait au bureau de police à ce moment ?
18. Pourquoi le curé a-t-il laissé passer Jean-François ?
19. Pourquoi le curé a-t-il bouché la sortie aux policiers ?
20. Qui a donné le signalement de Jean-François ?
21. Quand Jean-François a-t-il déchiré son veston ?
22. Pourquoi Jean-François n'est-il pas allé chez l'une des personnes qu'il connaissait ?
23. Par quel moyen a-t-il décidé de sortir de la ville ?
24. Pourquoi est-il entré chez le coiffeur ?
25. Comment était le coiffeur ?
26. A quoi le coiffeur ressemblait-il ?
27. Le coiffeur parlait-il beaucoup ?
28. Combien de temps Jean-François est-il resté chez le coiffeur ?
29. Après, Jean-François était-il reconnaissable ?
30. Combien d'argent Jean-François a-t-il donné au coiffeur ?
31. Pourquoi le coiffeur a-t-il disparu derrière le rideau ?
32. De quoi Jean-François était-il certain ?
33. Jean-François hésitait entre deux partis — lesquels ?

34. Pourquoi Jean-François n'a-t-il choisi aucun de ces deux partis ?
35. Que portait le coiffeur quand il est revenu ?
36. Pourquoi le coiffeur a-t-il donné un manteau à Jean-François ?
37. Comment Jean-François racontait-il l'histoire ?
38. Quelle marque Jean-François commençait-il à porter ?
39. Qu'est-ce que Jean-François commençait à sentir derrière ses épaules ?

๏ Written Drill A

Écrivez le deuxième paragraphe de l'histoire au présent de l'indicatif.

๏ Written Drill B

Mettez les phrases suivantes au passé composé. Faites attention à l'accord du participe passé.

MODÈLE : Voilà la valise que je prends.
RÉPONSE : **Voilà la valise que j'ai prise.**

1. Voici le voyageur que nous arrêtons.
2. Voilà la voiture qu'il conduit.
3. Voici les menottes que nous enlevons.
4. Voilà les vêtements qu'il vend.
5. Voici les grenades que vous prenez.
6. La jeune femme va en ville.
7. Le coiffeur part.
8. Vous entrez chez le coiffeur.
9. Les deux curés restent.
10. Elles reviennent ce soir.

Jean Giono

Jean Giono (1895–   ), born in the mountainous region of Haute Provence, has captured the rugged daily existence of the farmers and peasants of his native province in his novels and stories (Le Chant du monde, 1934, Que ma joie demeure, 1935). *After World War II he changed his style and experimented with the semihistorical adventure novel, an example of which is* Le Hussard sur le toit *(1951).*

In "Le Cyprès," which appeared in Solitude de la pitié *(1932), Giono gives expression to the peasants' love of and feeling for nature. The author has captured the picturesque peasant speech in the words of the old shepherd Jérôme, who narrates the story.*

Vocabulaire

faire un tour   faire une promenade   **la colline**   petite montagne

le berger   gardien de moutons   **quarante sous**   = deux francs. Aujourd'hui un dollar américain vaut cinq francs français.   **la rente** revenu fixe

cette ruine de ferme = cette ferme en ruines   **à côté (de)**   près (de)

JEAN GIONO

Le Cyprès

Je suis allé faire un tour en colline avec Jérôme, le vieux
berger qui a quarante sous de rentes par jour.

— Jérôme, je lui dis, vous qui savez beaucoup de choses,
vous voyez cette ruine de ferme ? Le beau cyprès à côté ? Je
voulais vous demander : dans les collines, il y a toujours cet 5
arbre à côté des fermes ; vous savez pourquoi, vous ?

le terrain terre **la fève** *broad bean* **Si vous aviez senti** *had*
you smelled (plus-que-parfait de **sentir**)
je vais vous dire... de je vais vous parler... de

beau chanteur qui chante bien

tenez (exclamation) *you see*

couler *to flow*

tenir compagnie *to keep company*

on ne pouvait pas se payer le luxe de *they couldn't afford the luxury of*

tant et plus autant qu'on veut (*as much as one wants*) **on mesurait**
l'eau à la burette ici, on essayait d'épargner l'eau **la burette** *cruet*
des choses qui ne sont pas l'homme ici, la nature

je l'ai bien tout réfléchi j'y ai bien pensé (expression familière) **dans**
mon temps de pâture quand j'étais berger
ce besoin = ce besoin de la nature **faites une croix dessus** ou-
bliez-le (expression familière)
c'en est un qui est mal fini c'est quelqu'un de mauvais **a fait l'avare**
a été avare
il est mauvais pour la fréquentation *he is bad company*
au bord de près de

la cannette *hollow bamboo cane* **enfoncer dans** *to drive into*

le talus *slope* **un fil d'eau** une petite source d'eau

Ce bruit ici, cette musique **le souci** *worry*

pour ici, *as for*

là = dans cette ferme (chez Firmin)

en bas dans le fond au bas du talus

lourd *heavy* **Ça en a coûté de la peine** cela a été très difficile

amener ici, apporter

son petit son enfant

— Ah ! mon bon Monsieur, oui, je sais, je vais vous dire. D'abord, cette ferme, on l'appelait : *les Févettes* parce que, là, le terrain était bon pour les fèves. Si vous aviez senti cette odeur, au printemps, avec tout ça en fleurs ! Et je vais vous dire, au général et puis au particulier de cette ferme-là. Au général, voilà : de mon temps, on plantait le cyprès, vous savez pourquoi ? Parce que c'est un arbre beau chanteur. Voilà la raison. On n'allait pas chercher bien loin. On aimait cette musique de cyprès. C'est profond, c'est un peu comme une fontaine, tenez. Vous savez, l'eau des fontaines, près des fermes, ça coule, ça coule, ça fait son bruit, ça fait son chemin, ça vit, ça tient compagnie plus que dix hommes et dix femmes n'en parlons pas. Ici, on ne pouvait pas se payer le luxe de faire couler l'eau tant et plus ; ici, on mesurait l'eau à la burette. Et pourtant, on avait besoin aussi de cette compagnie des choses qui ne sont pas l'homme. Entre parenthèse, je vous dis ça mais, moi, je l'ai bien tout réfléchi dans mon temps de pâture : celui qui ne sent pas ce besoin, faites une croix dessus et allez-vous-en ; c'en est un qui est mal fini ; sa mère a fait l'avare ; il est mauvais pour la fréquentation. Donc, pour nous remplacer la fontaine on plantait un cyprès au bord de la ferme, et comme ça, à la place de la fontaine de l'eau, on avait la fontaine de l'air avec autant de compagnie, autant de plaisir. Le cyprès, c'était comme cette cannette qu'on enfonce dans le talus humide pour avoir un fil d'eau. On enfonçait le cyprès dans l'air et on avait un fil d'air. On venait s'asseoir là-dessous, fumer, écouter. Ce bruit sur les soucis dans la tête, ah ! que c'est bon.

Maintenant, pour ce qui est du particulier de celui-là, précisément, de cyprès, je vais vous dire, j'ai été berger là, je le sais. On est allé le chercher, Firmin et moi, en bas dans le fond, vous voyez ? C'était déjà un bel arbre, et lourd. Ça en a coûté de la peine pour l'amener ici. On a fait ça tous les deux, Firmin et moi, le jour où la femme de Firmin a eu son

Qu'est-ce qu'on faisait, là = nous n'avions rien à faire à la ferme   **on
ne pouvait plus endurer ces cris**   *we could no longer put up with the
cries*

pousse que tu pousses, glisse que tu glisses, etc. expressions qui
indiquent l'effort (= pousse autant que tu peux pousser, etc.)
   pousser   *to push*   **glisser**   *to slip, skid*

jurer   *to swear*

venait de naître   *had just been born*

Il reste l'arbre   l'arbre reste toujours

petit. Qu'est-ce qu'on faisait, là, et puis, on ne pouvait plus endurer ces cris. On est descendu, on s'est mis tous les deux sous l'arbre, et pousse que tu pousses, et glisse que tu glisses, et jure que tu jures, l'un contre l'autre, et les deux contre tous on l'a amené ici. Le petit venait de naître. Ça allait bien. On a 5 fait le baptême là-dessous.

Firmin est mort. La Madelon est morte. Le petit n'est pas revenu de la guerre. Il reste l'arbre.

✑§ *Questions*

1. Qui était Jérôme ?
2. De quoi vit-il aujourd'hui ?
3. Quel arbre trouvait-on souvent à côté des fermes ?
4. Comment appelait-on la ferme qui est maintenant en ruines ?
5. Pourquoi l'appelait-on ainsi ?
6. Pourquoi plantait-on un cyprès auprès des fermes ?
7. A quoi Jérôme compare-t-il la musique des cyprès ?
8. Pourquoi n'y avait-il pas de fontaine près de la ferme ?
9. Qu'est-ce qu'on plantait pour remplacer la fontaine ?
10. Quelle opinion Jérôme a-t-il des hommes qui n'ont pas besoin de la nature ?
11. Qu'est-ce qu'on venait faire sous le cyprès ?
12. Où Jérôme a-t-il été berger ?
13. Avec qui a-t-il été chercher le cyprès ?
14. Où a-t-il été chercher le cyprès ?
15. Le cyprès a-t-il été facile à amener à la ferme ?
16. Où a eu lieu le baptême du petit ?
17. Qu'est-ce qui est arrivé à Firmin ?
18. Qu'est-ce qui est arrivé au petit ?
19. Quel est le ton de cette histoire ?
20. De quoi le cyprès est-il le symbole ?

✑§ *Written Drill A*

Mettez les phrases suivantes à l'imparfait.

MODÈLE :   Je fais un tour de colline.
RÉPONSE :   **Je faisais un tour de colline.**

1. Il veut vous demander.
2. Vous voyez cette ruine.
3. On l'appelle *Les Févettes.*
4. Cela tient compagnie.
5. Je vous dis ça.
6. Il ne sent pas ce besoin.
7. Elle est mauvaise pour la fréquentation.

8. Nous venons nous asseoir ici.
9. Je réfléchis à cela.
10. Ils enfoncent la cannette dans le talus.

✒§ *Written Drill B*

Formez une nouvelle phrase selon le modèle. Employez la forme convenable de *venir de*.

MODÈLE :   J'arrive.
RÉPONSE :   **Je viens d'arriver.**

1. Elle descend.
2. Nous nous reposons.
3. Ils réfléchissent.
4. Je le dis.
5. Il fait un tour.
6. Mon père rentre.
7. La jeune fille sort.
8. Tu les achètes.
9. Elles glissent.
10. Vous revenez de la fontaine.

Maurice Biraud

Maurice Biraud (1922–   ) is an actor who has appeared on the stage, in films, and on television, but he is perhaps best known in France for his humorous radio show on the station Europe No. 1. He is the author of Faut l'faire *and writes a column for* Elle, *a weekly fashion magazine.*

In "Propos," which originally appeared in Elle, *Biraud tells his female readers ("mes anges") a little moral tale. The fantasy of the action is counterbalanced by the direct-ness of the concluding message.*

propos *m pl*   phrases écrites au sujet de quelqu'un   *Vocabulaire*
  ou de quelque chose

Il y en a qui = il y a des personnes qui   **la pierre philosophale**
  legendary stone that, according to alchemists, would change base
  metals into gold
le moyen   *means*
la mouche   *fly*

garder   *to keep*

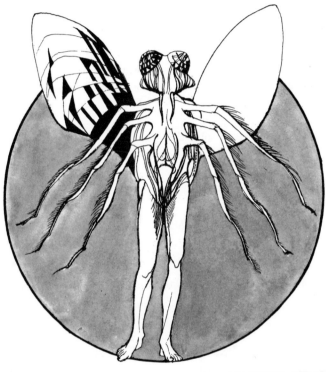

MAURICE BIRAUD

Propos

Il y en a qui, toute leur vie, ont cherché la pierre philo-sophale; lui, pendant trois mois, il avait cherché le moyen de se transformer en mouche, et il avait trouvé ! Il se demandait maintenant ce qu'il allait faire de sa découverte. Devait-il garder son secret ? Devait-il le vendre ?

5

se passer avoir lieu, arriver   **Il lui suffisait de** *he had only to*
les recherches *research*

emberlificoté *entangled* (expression familière)
le monceau tas   **devenus** = qui étaient devenus
il finissait par il réussissait finalement à   **s'échapper** s'en aller,
     s'évader   **en volant** *by flying*
la pièce chambre
sans avoir rien perdu de *without having lost any of*   **se poser** s'in-
     staller   **l'assiette** *f* plat dans lequel on mange   **le breuvage**
     liquide à boire
pomper ici, boire   **infime** très petit
se retrouver redevenir

Il ne lui restait qu'à il lui suffisait de   **se rhabiller** s'habiller de
     nouveau
ça avait marché ça avait fonctionné

se livrer à *to indulge in*
le cambriolage vol (*burglary*)   **grâce à** à cause de   **se faufiler**
     ici, entrer adroitement
n'importe où partout   **n'importe quelle issue** par toute sorte d'entrée
     (ou sortie)   **fût-ce** (imparfait du subjonctif d'**être**) même si c'était
     le trou de serrure *keyhole*
s'introduire ici, entrer sans permission
emporter apporter, amener avec soi   **gros comme** *as much as;* ici,
     as little as   **une tête d'épingle** *pinhead*
permettre *to allow*
ce serait un jeu ce serait très facile
de l'intérieur *from inside* (*the apartment or house*)   **s'éclipser** dis-
     paraître   **le butin** ici, le produit du cambriolage   **A proximité
     de** près de   **le larcin** vol   **la cachette** endroit secret   **le verre**
     glass   **il n'aurait plus qu'à** il lui suffirait de, il ne lui resterait qu'à
regagner retourner à
mine de rien comme si rien ne s'était passé   **tout danger écarté**
     quand il n'y avait plus de danger

le tour *trick*   **repérer** trouver, découvrir

Ce plan une fois mis au point lorsque ce plan fut bien préparé   **tenter**
     essayer
l'expérience *f* *experiment*

La chose se passait simplement. Il lui suffisait de boire un verre de la préparation que ses recherches et sans doute aussi, le hasard, lui avaient fait découvrir pour qu'en une fraction de seconde (c'est du moins comme ça que les choses s'étaient passées les trois premières fois), il se trouvât emberlificoté dans un monceau de vêtements devenus des millions de fois trop grands d'où il finissait par s'échapper en volant : il était « mouche ». Après avoir volé quelques instants dans sa pièce et sans avoir rien perdu de ses facultés mentales, il venait se poser sur le bord d'une assiette où un second breuvage était préparé. Il pompait alors une infime quantité de liquide et, aussitôt, il se retrouvait « homme », debout sur la table et les pieds dans l'assiette. Il ne lui restait qu'à se rhabiller. Trois fois, ça avait marché de la même façon.

Ce jour-là, il prit une décision : il ne parlerait à personne de son invention ; il l'exploiterait lui-même en se livrant à des cambriolages devenus faciles grâce à sa possibilité de se faufiler n'importe où, par n'importe quelle issue, fût-ce un trou de serrure. Transformé en mouche, il s'introduirait dans les appartements en emportant gros comme un dixième de tête d'épingle de la potion qui, une fois dans la place, lui permettrait de redevenir un homme. Là, ce serait un jeu d'ouvrir les portes de l'intérieur et de s'éclipser avec son butin. A proximité du lieu de son larcin, il laisserait, dans une cachette, un verre de la potion qui pouvait le transformer en mouche. Laissant dans cette même cachette le produit de son cambriolage, il n'aurait plus qu'à redevenir mouche et à regagner son appartement. Quelques temps plus tard, mine de rien et tout danger écarté, il viendrait chercher dans la cachette ce qu'il avait volé, et le tour serait joué. Il lui suffisait simplement de repérer des appartements qui, fermés et impossibles à ouvrir de l'extérieur, pouvaient s'ouvrir de l'intérieur.

Ce plan une fois mis au point, il voulut tenter une première expérience et prépara ses deux potions : la potion numéro 1

le mélange *mixture*

la soucoupe *saucer*
le locataire personne qui habite un appartement appartenant à une
    autre personne
but (passé simple de **boire**)   **d'un seul trait** *in one gulp*

cette dernière = potion numéro 2
par la suite après

le plancher *floor*   **s'écrouler** tomber avec bruit
le rez-de-chaussée *ground floor*   **put** (passé simple de **pouvoir**)

l'ange *m angel*
imprévisible qu'on ne peut pas connaître à l'avance
jouer de vilains tours *to play dirty tricks*

pour devenir mouche et la potion numéro 2 pour redevenir homme. Ces potions ne se préparaient qu'avec des mélanges compliqués mais il avait une telle habitude que le verre et la soucoupe furent prêts. Alors, décidé à tenter son expérience sur l'appartement du dessous (dont les locataires étaient encore en vacances), il but d'un seul trait le contenu du verre.

Il comprit tout de suite qu'il s'était trompé ! Il avait mis la potion numéro 1 dans la soucoupe et la numéro 2 dans le verre ! C'est cette dernière qu'il venait de boire !

Ce qui se passa exactement par la suite, il ne le comprit qu'une fois au zoo où on l'avait enfermé avec les autres éléphants : le plancher s'était écroulé sur l'appartement du rez-de-chaussée. Jamais personne ne put expliquer comment un pachyderme avait pu vivre dans cette maison, ni ce qu'était devenu le locataire du premier étage.

Voilà, mes anges, comment une simple erreur peut avoir des résultats imprévisibles, et comment la science, dont les découvertes sont sans limites, peut parfois nous jouer de vilains tours.

◄§ *Questions*

1. Quelle chose certaines personnes cherchent-elles toute leur vie ?
2. Qu'est-ce que le jeune homme avait cherché pendant trois mois ?
3. Que pensait-il faire de sa découverte ?
4. Comment se transformait-il en mouche ?
5. Pourquoi ses vêtements étaient-ils trop grands ?
6. Est-ce que le jeune homme garde son intelligence d'homme ?
7. A-t-il souvent fait l'expérience de ses breuvages ?
8. Quelle décision le jeune homme a-t-il prise ce jour-là ?
9. Comment exploiterait-il sa découverte ?
10. Pourquoi peut-il facilement se livrer aux cambriolages ?
11. Comment s'introduirait-il dans les appartements ?
12. Comment redeviendrait-il homme ?
13. Où laisserait-il son butin ?
14. Sous quelle forme sortirait-il la première fois de l'appartement ?
15. Quand reviendrait-il chercher son butin ?
16. Quels appartements a-t-il décidé de repérer ?
17. Quelles potions doit-il préparer pour réaliser son plan ?
18. Comment les potions se préparaient-elles ?
19. Sur quel appartement le jeune homme décide-t-il de tenter son expérience ?
20. Pourquoi choisit-il l'appartement du dessous ?
21. Quelle erreur fait-il ?
22. Que se passe-t-il lorsque le jeune homme boit la potion ?
23. En quel animal a-t-il été transformé ?
24. Où a-t-il passé le reste de sa vie ?
25. Qu'y a-t-il de vrai dans cette histoire ? Qu'y a-t-il d'imaginaire ?

◄§ *Written Drill* A

Mettez les phrases suivantes au plus-que-parfait.

MODÈLE : Il comprend la leçon.
RÉPONSE : **Il avait compris la leçon.**

1. L'expérience marche bien.
2. Je deviens grand.
3. Tu te trompes.

4. Il se faufile partout.
5. Elle m'explique le cambriolage.
6. Nous nous échappons par ici.
7. Vous cherchez le moyen.
8. Ils peuvent le prendre.

⟨§ *Written Drill B*

Formez une nouvelle phrase selon le modèle. Employez le plus-que-parfait et le parfait du conditionnel dans votre réponse.

MODÈLE : Il cherche la pierre philosophale. Il ne la trouve pas.
RÉPONSE : **S'il avait cherché la pierre philosophale, il ne l'aurait pas trouvée.**

1. Il cherche le moyen de se faire petit. Il le trouve.
2. Il garde son secret. Il devient riche.
3. Il vole. Il entre n'importe où.
4. Il trouve l'appartement. Il entre chez son ami.
5. Il boit la potion. Il devient mouche.
6. Il est invité. Il vient chez moi.
7. Il est petit. Il se faufile n'importe où.
8. Il va au zoo. Il est heureux de voir des animaux.

⟨§ *Written Drill C*

Formez une nouvelle phrase qui commence avec *en*.

MODÈLE : Quand il travaillait, il réussissait.
RÉPONSE : **En travaillant il a réussi.**

1. Quand il cherchait bien, il faisait une découverte.
2. Quand il réfléchissait, il trouvait l'histoire fantastique.
3. Quand il essayait, il finissait par s'échapper.
4. Quand il buvait la potion, il se transformait en mouche.
5. Quand il prenait le second breuvage, il redevenait homme.
6. Quand il s'introduisait dans les appartements, il ouvrait toutes les portes.
7. Quand il faisait un effort, il arrivait où il voulait.
8. Quand il tentait ses expériences, il ne pensait pas aux résultats.

Michel Bernanos

Michel Bernanos (1923–64), son of the novelist Georges Bernanos, left the lycée in Rio de Janeiro to enlist in 1940 in the FNFL (Forces Navales Françaises Libres). After the war he managed a rubber plantation in the Upper Amazon Valley for three years, returning to France at the death of his father. An adventurer rather than a man of letters, he was nonetheless possessed by a passion for literature. Victim of a heart attack at the age of forty-one, he left several unpublished stories and novels, including the posthumous La Montagne morte de la vie *(1967).*

"Un Conte de Noël" is a charming, imaginative tale of a boy's encounter with a tiny Santa Claus whose very existence is dependent on the faith of others.

le bonhomme   homme simple

Assis   (participe passé de **s'asseoir**)   **la cheminée**   *fireplace*
la compagne   camarade

MICHEL BERNANOS

Un Conte de Noël:
le petit bonhomme en rouge

Assis au pied de la grande cheminée, l'enfant attend le
père Noël. La crainte est sa compagne dans la vaste pièce

"Un Conte de Noël: le petit bonhomme en rouge" by Michel Bernanos.
First published in *Cahier des Saisons*, 1966. Reprinted by permission of
Mme S. Bernanos.

qu'éclaire une seule lampe = qu'une seule lampe éclaire

lui = à la crainte   **céder** se soumettre à   **il ne peut s'empêcher** *he cannot help*   **l'attente** *f* action d'attendre

se distraire trouver des distractions   **aux cadeaux** = qui apporte des cadeaux

Comme parce que   **il a éteint** (passé composé d'**éteindre**) *he put out*   **lui** = pour le père Noël   **libre** ici, ouvert

grelotter trembler de froid

lutter combattre   **l'assoupissement** *m drowsiness*   **s'endormir** *to go to sleep*

léger (antonyme : grand)   **le bruit** *noise*   **réveiller** (antonyme : endormir)

tout d'abord *right at first*   **l'étonnement** *m* surprise causée par quelque chose d'extraordinaire

le pouce *thumb*

vêtu de habillé en

la barbe *beard*   **la hotte** *basket* (NOTE: *In France, Santa Claus carries toys in a large basket rather than in a sack.*)

ne saurait s'y loger *could not fit in*

coller *to glue, stick*   **le parquet** plancher en bois

le trait *feature*   **triste** (antonymes : gai, heureux)   **surprendre** *to surprise*

lui = l'enfant   **C'est donc ça** *so that's him*

chagrin triste

Qu'avez-vous *what's wrong*

le bout d'homme *a bit of a man*

de long en large d'un bout à l'autre

enchaîner continuer

être à *to belong to*

rien que pour toi seulement pour toi   **se rendre compte** *to realize*

croisé rencontré   **la souris** *mouse*   **rire de** *to laugh at*

grave sérieux

éviter s'empêcher

médiévale qu'éclaire une seule lampe. Courageusement il ne lui cède en rien. Mais il ne peut s'empêcher de trouver l'attente longue. Pour se distraire il pense à l'homme aux cadeaux. Comme il a éteint le feu pour lui laisser le passage libre, il grelotte de froid. Le sommeil commence à s'amuser de ses yeux. 5 Il lutte contre l'assoupissement. Il lutte et... s'endort.

Un léger bruit venant de la cheminée le réveille. Il ne voit rien tout d'abord. Puis, avec étonnement, il découvre un tout petit bonhomme guère plus grand que le pouce d'une main d'enfant. Le minuscule personnage est vêtu de rouge, porte 10 une longue barbe, et à son dos est fixée une hotte d'une telle petitesse qu'un grain de poussière ne saurait s'y loger. Pour examiner ce Tom-Pouce, l'enfant a collé son visage au parquet. Les traits tristes du petit bonhomme en rouge le surprennent. Et lui, qui commençait à se dire : « C'est donc ça, le père 15 Noël ? », ne voit plus tout à coup que cette figure chagrine.

— Qu'avez-vous ? questionne-t-il.

— Rien, répond le bout d'homme d'un air furieux.

L'enfant n'en croit pas ses oreilles. « Si petit, et méchant ! » pense-t-il consterné. Le petit bonhomme marche maintenant 20 de long en large. Il s'arrête enfin et demande à l'enfant :

— Tu crois en moi ?

L'enfant n'a pas le temps d'ouvrir la bouche.

— Oui, oui, a déjà enchaîné son étrange visiteur, je sais que tu crois en moi. Mais vois-tu, tu es le seul, et c'est pour 25 cela que je suis si petit ! J'ai été inventé pour être un peu à tout le monde. Si beaucoup de gens avaient cru en moi, j'aurais été grand comme dans les histoires d'enfants. Mais personne n'a cru en moi. Personne, sauf toi. Alors je ne suis qu'un bout de père Noël, un bout rien que pour toi. Oh ! je me rends compte 30 que je ne suis pas un père Noël sérieux. Tiens, avant d'arriver jusqu'à toi, j'ai croisé dans la cheminée des souris. Elles ont ri de moi. Tu vois, même les animaux, qui sont pourtant graves, ne peuvent éviter de rire à ma vue. Toi-même, je sens que dans

se trouver bien   être à l'aise

le papier glacé   *glossy paper*

y   = dans ces pages   **dessiner**   *to draw*   **le traîneau**   *sled, sleigh*
   le renne   *reindeer*

le cerf   *stag*   **la neige**   *snow*

le jouet   *toy*   **Que ne m'a-t-on laissé**   pourquoi ne m'a-t-on pas laissé

noyé   *drowned*

la larme   *tear*

Tu voudrais pas être vrai   = tu voudrais ne pas être vrai (*child's*
   language)

net   brusquement

grandir   devenir plus grand

remplir   *to fill*   **le sourire**   *smile*

endormir   faire dormir

le songe   *dream*

le fond tu perds tout respect pour moi. Après tout, je ne suis qu'une histoire ! Mais pourquoi m'avoir sorti des livres ? Je me trouvais si bien dans ces grandes pages de papier glacé ! L'on m'y dessinait assis dans un grand traîneau tiré par des rennes ou des cerfs ! Il y avait de la neige partout, jusque dans ma ⁵ barbe, et ces jouets qui ne cessaient de m'amuser ! Que ne m'a-t-on laissé dans la légende !

L'enfant a écouté le petit bonhomme, les yeux noyés de larmes.

— Tu voudrais pas être vrai ! murmure-t-il. ¹⁰

Le petit bonhomme s'arrête net. Une grosse goutte d'eau vient de tomber sur lui et il se met à grandir, grandir, sous cette larme. Maintenant, de sa hotte de géant, il sort des jouets dont il remplit la cheminée. Alors, dans un grand sourire des yeux, il endort l'enfant. ¹⁵

Pour repartir, il lui faut bien pourtant reprendre son aspect de songe.

✎ Questions

1. Qui est assis au pied de la cheminée ?
2. Qui est-ce que l'enfant attend ?
3. Qui est la compagne de l'enfant ?
4. Qu'est-ce qui éclaire la pièce ?
5. L'enfant cède-t-il à sa crainte ?
6. L'enfant trouve-t-il l'attente longue ?
7. Que fait l'enfant pour se distraire ?
8. Pourquoi l'enfant a-t-il éteint le feu?
9. Pourquoi l'enfant grelotte-t-il ?
10. Contre quoi l'enfant lutte-t-il ?
11. L'enfant s'endort-il ?
12. Qu'est-ce qui réveille l'enfant ?
13. Qui est-ce que l'enfant voit ?
14. Le bonhomme est-il grand ou petit ?
15. De quelle couleur sont ses vêtements ?
16. Que porte-t-il sur le dos ?
17. Est-ce que sa hotte est grande ?
18. Pourrait-on mettre un grain de poussière dans cette hotte ?
19. Qui a les traits tristes ?
20. Pourquoi l'enfant est-il surpris de voir le père Noël ?
21. Qui a l'air furieux ?
22. Où marche le petit bonhomme ?
23. Quand il s'arrête, que demande-t-il ?
24. L'enfant croit-il au père Noël ?
25. Est-ce que beaucoup de gens croient au père Noël ?
26. Pourquoi le père Noël est-il si petit ?
27. Le bonhomme en rouge, est-il un père Noël sérieux ?
28. Qui a ri du père Noël ?
29. Les animaux sont-ils graves ?
30. Les animaux peuvent-ils éviter de rire à la vue du père Noël ?
31. Pourquoi le père Noël dit-il : « Je ne suis qu'une histoire » ?
32. Comment étaient les pages du grand livre ?
33. Qui tirait le traîneau du père Noël sur les dessins ?
34. Y avait-il de la neige partout ?
35. Qui s'amusait avec les jouets dans le traîneau ?
36. Le père Noël veut-il rester dans la légende ?

37. Que fait l'enfant en écoutant le père Noël ?
38. Pourquoi le père Noël s'arrête-t-il ?
39. Quel est l'effet de la larme qui tombe sur le père Noël ?
40. D'où le père Noël sort-il les jouets ?
41. De quoi le père Noël remplit-il la cheminée ?
42. Comment le père Noël endort-il l'enfant ?
43. Que fait le père Noël pour repartir ?

✎§ Written Drill A

Mettez les phrases suivantes au passé composé.

MODÈLE : Les rennes tirent le traîneau.
RÉPONSE : **Les rennes ont tiré le traîneau.**

1. Vous éteignez la lampe.
2. La lampe éclaire la pièce.
3. Je m'en rends compte.
4. Personne ne croit en moi.
5. Les souris rient du père Noël.
6. L'enfant écoute le bonhomme.

✎§ Written Drill B

Écrivez des phrases selon le modèle.

MODÈLE : Elle éteint le feu. (vouloir)
RÉPONSE : **Elle veut éteindre le feu.**

1. Je trouve le temps long. (commencer à)
2. Il dessine des rennes. (se mettre à)
3. Il cède à la crainte. (éviter de)
4. Tu perds tout respect. (pouvoir)
5. Elle rit de lui. (cesser de)
6. Nous examinons Tom-Pouce. (vouloir)

✍§ *Written Drill C*

Dans les phrases suivantes ajoutez l'abverbe *tout*.

MODÈLE :   Elle est contente.
RÉPONSE :   **Elle est toute contente.**

1. Le garçon est heureux.
2. Son père a l'air consterné.
3. La petite fille est seule.
4. Les messieurs sont graves.
5. Cette hotte est petite.
6. L'enfant est triste.

Passé simple

The *passé simple* (or *past definite*) is a literary tense used to describe an action that has taken place wholly in the past. Since speech and informal writing use the *passé composé* (or *past indefinite*), the beginning student need only be able to recognize the *passé simple* forms in his reading.

Regular –er verbs

The stem for the *passé simple* is identical to that of the present tense. The third-person endings are –a and –èrent.

EXAMPLE: **il rencontra**   **ils rencontrèrent**

Other such verbs encountered in the readings are **il ajouta, il apprivoisa, il demanda, il s'envola, il montra, il se passa, il prépara, il proposa, il regarda, ils regardèrent, il soupira.**

Regular –ir and –re verbs

The stem for the *passé simple* is identical to that of the singular forms of the present tense. The third-person endings are –it and –irent.

EXAMPLES: **il finit**   **ils finirent**
          il répondit   **ils répondirent**
(NOTE: first person singular: **je répondis**)

Irregular verbs

1. Endings in –it and –irent (third person)

comprendre	il comprit
conduire	il conduisit
dire	il dit
faire	il fit
naître	il naquit
voir	il vit

2. Endings in –ut and –urent (third person)

(ap)paraître	il (ap)parut	
avoir	il eut	
boire	il but	
être	il fut	ils furent
pouvoir	il put	

se taire	**il se tut**
vouloir	**il voulut**

(NOTE: With the exception of **être,** the stem of the verbs listed above is identical to the past participle.)

3. Endings in –int and –inrent

advenir	**il advint**
revenir	**il revint**

The imperfect subjunctive in the third person singular (which is the only form that the beginning student is likely to encounter in his reading) differs from the *passé simple* of irregular verbs in that it has a circumflex over the final vowel.

	PASSÉ SIMPLE	IMPF SUBJ
EXAMPLES: **avoir**	**il eut**	**qu'il eût**
être	**il fut**	**qu'il fût**

Vocabulary

The vocabulary contains all the words that appear in the text except the definite article, proper names, and exact cognates. Irregular verb forms are listed alphabetically, not under the infinitive form. Irregular noun plurals are listed, as are irregular feminine forms of adjectives.

The following abbreviations are used:

imp	imperative	*m*	masculine	*ps*	*passé simple*
inf	infinitive	*pl*	plural	*sing*	singular
f	feminine	*pp*	past participle	*subj*	subjunctive

a (avoir): il a   he has
à   at, to
abattoir *m*   slaughterhouse
d'abord   first, at first
accentuer   to emphasize, accentuate
accompagner   to accompany
accomplir   to carry out
accord *m*   agreement
s'accrocher à   to hook onto, grab hold of
accuser   to accuse, blame
acheter   to buy
acte *m*   act
action *f*   action
addition *f*   addition
    faire des additions   to add
adjectif *m*   adjective
admirable   admirable
s'adresser à   to address
adroit   adroit
adroitement   adroitly
adverbe *m*   adverb
advint (*ps of* advenir): ce qu'il advint des oiseaux   what happened to the birds
affaires *f pl*   business; things
affirmatif, affirmative   affirmative
afin que   so that
Afrique *f*   Africa
âge *m*   age
s'agiter   to be excited, move about
agoniser   to suffer
agréable   agreeable, pleasant
ai (avoir): j'ai   I have
aider   to help
aient (*subj of* avoir): qu'ils aient that they have

ailleurs   elsewhere
    d'ailleurs   besides
aimer   to like, love
    aimer mieux   to prefer
ainsi   thus, so
air *m*   air
aise: à l'aise   comfortable
ajouter   to add
Allemand *m*   German
aller   to go
    aller et venir   to go up and down, back and forth
    s'en aller   to go away
    si ça ne va pas   if I (you) don't feel well
allez (*imp of* aller)   go on now
allumer   to light (up), turn on
alors   well, then
alouette *f*   lark
amener   to bring
ami (*f* amie)   friend
    petite amie   girl friend
amical   friendly
s'amuser   to enjoy oneself; + de to play (with)
angoisse *f*   agony, pain
animal *m* (*pl* animaux)   animal
année *f*   year
annoncer   to announce
antilope *f*   antelope
antonyme *m*   antonym
apercevoir   to see, notice
appartement *m*   apartment
appartenant à (appartenir)   belonging to
apparut (*ps of* apparaître): il apparut   he appeared
appeler   to call
apporter   to bring
appréhender   to apprehend

appris (*pp of* **apprendre**) : **de m'avoir appris** for having taught me
apprivoiser to tame
après after
après-midi *m* afternoon
arbre *m* tree
arche *f* ark
argent *m* money
armée *f* army
arrêter to arrest
arrière-salle *f* back room
arriver to arrive; to happen
 il est arrivé quelque chose something has happened
aspect *m* appearance, looks
s'asseoir to sit down
assiette *f* plate
assis (*pp of* **s'asseoir**) seated
assoiras (**s'asseoir**): **tu t'assoiras** you will sit down
assommer to knock out
assoupissement *m* drowsiness
s'assurer to be sure
attaches *m pl* ties
attaquer to attack
attendre to wait (for)
attente *f* waiting, waiting period
attraper to catch
augmenter to increase, augment
aujourd'hui today
auparavant first, before that
aura (**avoir**) : **elle aura** she will have
auriez (**avoir**): **vous en auriez une plus belle** you would have a prettier one

aussi also, too; and so, therefore (*followed by inverted word order*)
aussitôt right away
 aussitôt que as soon as
autant (**de**) as much
autorité *f* authority
autre *m* other
 en chercher d'autre to go get more
avaler to swallow
avance: à l'avance in advance
avancer to advance
avant before
avant-bras *m* forearm
avare *m* miser
avare greedy
avec with
aventure *f* adventure
avez (**avoir**): **vous avez** you have
avis *m* opinion
avoine *f* oats
 avoine au café oats with a coffee flavor
 avoine au chocolat oats with a chocolate flavor
avoir to have
 avoir l'air (**de**) to seem (to)
 avoir envie de to want to, like to
 qu'avez-vous ? what's wrong?
avons (**avoir**): **nous avons** we have
avouer to admit

bagarre *f* fight, brawl
bain *m* bath
 bain de soleil sunbath

prendre un bain to take a bath
baisser to lower
se baisser to bend over
bal *m* ball, dance
balle *f* bullet
baptême *m* baptism
faire le baptême to baptize
barbe *f* beard
bas, basse low
à voix basse in a low voice
tout bas in a low voice
tout en bas all the way down
bataille *f* battle
bateau *m* (*pl* **bateaux**) boat
battre to beat
beau (**bel**), **belle** beautiful
beaucoup (**de**) many, much
berger *m* shepherd
besogne *f* work
besoin *m* need
avoir besoin (**de**) to need (to), require
bien *m* good
faire du bien to do good; to help feel better
bien well
bien arrivé(**s**) arrived safely
être bien to be comfortable
bijou *m* (*pl* **bijoux**) jewel
blague *f* trick, joke
blanc *m* white man
blanc, blanche white
blé *m* wheat
bleu blue
blond blond
boeuf *m* ox, steer
boire to drink
bois *m* wood
en bois of wood, wooden

bois (*imp of* **boire**) drink
boîte *f* box
bol *m* deep bowl (in which *café au lait* is served for breakfast)
bonheur *m* happiness
bonhomme *m* man
bonjour *m* hello
bonnet *m* : **bonnet de nuit** nightcap
bord *m* edge
au bord de at the edge of
bouche *f* mouth
boucher to close up; to block
boucherie *f* meat market
boulevard *m* boulevard
bout *m* end
un bout d'homme a bit of a man
bouteille *f* bottle
boutique *f* store
boutique de coiffeur barber-shop
bouton *m* knob
brancard *m* shaft (of a harness)
bras *m* arm
breuvage *m* drink, beverage, brew
brouillé confused; covered over
bruit *m* sound, noise
brûler to burn
brun brown
brusquement brusquely, suddenly
bureau *m* (*pl* **bureaux**) office
burette *f* cruet
but (*ps of* **boire**) : **il but** he drank
butin *m* loot
buveuse *f* a woman who drinks

ça   that, this
  ça va ?   all right?
cacher   to hide
cachette *f*   hiding place
cadeau *m* (*pl* cadeaux)   gift,
  present
caille *f*   quail
calculs *m pl*   arithmetic; calculations
calme   calm
camarade *m*   comrade, friend
cambriolage *m*   burglary
camion *m*   truck; horsedrawn
  wagon
cannette *f*   small stick
capable (de)   capable (of)
car   for, because
caresser   to caress
carrosse *m*   carriage
cas *m*   case
  dans un cas comme dans
    l'autre   in either case
caserne *f*   barracks
catholique   catholic
cause *f*   cause
  à cause de   because of
causer   to cause
cavalerie *f*   cavalry
cavalier *m*   cavalry man
ce   this, that; he, she, it
  ce que c'est   what it is
ce (cet), cette   this, that; ces
  these, those
céder   to give in
  il ne lui cède en rien   he
    doesn't give in to it the
    least bit
cela   this, that
celui-ci, celle-ci   this one; the
  latter

celui-là, celle-là   that one; the
  former
cendré   ashen
cendres *f pl*   ashes
cent   (a) hundred
cérémonie *f*   ceremony
cerf *m*   stag
certain   certain, sure
certes   of course
cesse: sans cesse   endlessly
cesser   to cease, stop
chacun   each (one)
chafouin   sly-looking
chagrin   sad
chair *f*   flesh
chaleur *f*   warmth
chambre *f*   room
champ *m*   field
changement *m*   change
changer   to change
  il faut que cela change
    things have to change
chant *m*   chant, song
chanter   to sing
chanteur *m*   singer
chantier *m*   construction site
chapeau *m* (*pl* chapeaux)   hat
  chapeau de paille de riz
    straw hat
chaque   each, every
charmant   charming
charrue *f*   plow
chasse *f*   hunting, hunt
chasser   to go hunting, hunt
chasseur *m*   hunter
chaud   hot, warm
chauffeur *m*   driver
chaussure *f*   shoe
chef *m*   leader, chief, boss
chemin *m*   way, path

chemin de fer   railroad
en chemin   on the way
cheminée *f*   fireplace
cheminer   to make one's way
cher, chère   dear
chercher   to look for; to go
   get
cheval *m* (*pl* **chevaux**)   horse
cheveux *m pl*   hair
chez   at the home(s) of
choeur *m*   choir
   chanter en choeur   to sing in
      a group
choix *m*   choice
chose *f*   thing
chronique *f*   chronicle
ciel *m*   sky
circonstantiel   of circumstance,
   circumstantial
clair   light
clarté *f*   light
clos *m*   yard, enclosure
coeur *m*   heart
coiffeur *m*   barber
coin *m*   corner
   faire le coin   to be located at
      the corner
collaborer   to collaborate
coller   to glue, paste, stick
collier *m*   necklace
colline *f*   hill
   en colline   on the hill
colombe *f*   dove
combien (**de**)   how much
combler (**de**)   to overwhelm
   (with)
commander   to command
comme   like, as; since; how
   c'est comme pour   it's the
      same as for

commencer (**à**)   to begin (to)
comment   how
commercial   commercial
commissaire *m*   police com-
   missioner
Commissariat *m*   police station
communiqué *m*   communica-
   tion, announcement
compagne *f*   companion
compagnie *f*   company
complément *m*   complement,
   object
complètement   completely
compliqué   complicated
compréhensible   understand-
   able, comprehensible
comprendre   to understand
compris (*pp of* **comprendre**)
   understood
comprit (*ps of* **comprendre**) ; **il**
   comprit   he understood
compter   to count
conçu (*pp of* **concevoir**)   conceived
   ils ont conçu une méfiance
      they became suspicious
condamner   to condemn
condition *f*   condition
conditionnel *m*   conditional
   (tense)
   le parfait du conditionnel
      conditional perfect
conduisit (*ps of* **conduire**): **elle**
   conduisit   she led
conjonction *f*   conjunction
connaître   to know
connu (*pp of* **connaître**)
   known, experienced
conquête *f*   conquest
consacrer   to consecrate

conseil *m* advice
conservateur, conservatrice conservative
considérer to consider
consoler to console
constamment constantly
constant constant, faithful
consterné astounded, dismayed
construire to build
se consumer to consume oneself, burn
conte *m* story
content content, happy
contenu *m* contents
continent *m* continent
continuer (à) to continue (to)
contre against
convenable proper
corbillard *m* hearse
corps *m* body
corps-francs *m pl* troops not part of regular combat units; guerrilla forces
costume *m* costume
  costume de chasse hunting outfit
côté *m* side
  à côté next (to it)
  à côté de next to
se coucher to go to bed
  le soleil se couche the sun sets
couler to flow
  se couler dans to flow into
couleur *f* color
coup *m* (political) coup
  tout à coup suddenly
couper to cut
courage *m* courage

courageusement bravely, courageously
courent (courir) : **ils courent** they run
courir to run
courrier *m* mail
course *f* race
  à la course when (at) running
courses *f pl* errands
court short, brief
couru (*pp of* **courir**) ran
coûter to cost
couvert (de) covered (with)
crainte *f* fear
cravache *f* riding whip
créer to create
creuser to dig
cri *m* cry
crier to cry
  en criant while crying out
criminel *m* criminal
croire to believe
  je n'y croyais pas I didn't believe it
croiser to meet, cross
croix *f* cross, sign of the cross
cru (*pp of* **croire**) believed
cuisine *f* kitchen; cooking
  une recette de cuisine recipe
curé *m* priest
cynique *m* cynic
cyprès *m* cypress

danger *m* danger
dans in
  pris dans un livre taken from a book
danser to dance

davantage   more
de   of, from
debout   standing
se déchirer   to get torn
décider   to decide
  décider de   to make decisions about
décision *f*   decision
découverte *f*   discovery
découvrir   to discover
décrire   to describe
défaire   to undo
défendu (*pp of* **défendre**)   forbidden, prohibited
déjà   already
déjeuner *m:* **le petit déjeuner** breakfast
délicat   delicate
délicatement   delicately
demander   to ask
  se demander   to wonder
demie *f:* **sept heures et demie** seven-thirty
démonstratif, démonstrative demonstrative
dénombrer   to count, take a census of, enumerate
dénoncer   to denounce, accuse
départ *m*   departure
se dépêcher   to hurry
se dépêtrer (**de**)   to get untangled, wrench free (from)
déplaisant   not pleasing
déposition *f*   deposition, charge
depuis   since
  depuis longtemps   a long time ago
dernier, dernière   last
derrière   behind
dès   as of

descendre   to go down
descente *f*   descent, getting off
  à la descente   while getting off
description *f*   description
désirer   to want, desire
dessiner   to draw
dessous: du dessous   below
dessus   on it
  taper dessus   to strike
se détendre   stretch out
deux   two
  tous les deux   both (of us)
devant   in front of
devenir   to become
  ce qu'était devenu   what happened to
devenu (*pp of* **devenir**)   become, turned
deviendront (**devenir**): **ils deviendront**   they will become
devoir   to owe; must, should
dialogue *m*   dialog
Dieu *m*   God
  les dieux   the gods
  Mon Dieu !   good gracious!
différent   different
difficile   difficult
dimanche *m*   Sunday
diminuer   to diminish (in size)
dîner   to have dinner
diplomatique   diplomatic, political
direct   direct
direction *f*   direction
diriger   to direct
diront (**dire**): **ils diront**   they will say
dis (**dire**): **je dis**   I say

disparaître to disappear
distance *f* distance
distant distant
distinctement distinctly
se distraire to entertain one-
    self, distract oneself
dit (*pp of* **dire**) told
dit (*ps of* **dire**): **il dit** he said
dixième *m* one tenth
docile docile
doigt *m* finger
dois (**devoir**): **je dois** I owe
doit (**devoir**): **il doit** he must
domestiqué tame, domesti-
    cated
donc so, thus
donner to give
dont of which, whose
doré golden
dormir to sleep
dos *m* back
doucement softly, gently;
    slowly
doute *f* doubt
  sans doute doubtless(ly)
se douter de to suspect
doux, douce sweet, soft
droit *m* right
dû (*pp of* **devoir**): **tu as dû**
    you must have
dur hard
durant during
durci (*pp of* **durcir**) hardened
durer to take, last

eau *f* water
éblouir to dazzle, fascinate
écarter to push back, leave
    aside
échanger to exchange

s'échapper to escape
éclairer to light
s'éclipser to vanish, disappear
écouter to listen
s'écrier to cry out
écrire to write
écrivent (**écrire**): **ils écrivent**
    they write
écrouler to cave in
écurie *f* stable
effacer to erase
effarouché startled
effectuer to carry out
  en effectuant des change-
    ments making changes
effet *m:* **en effet** in fact
effort *m* effort
effrayant frightening
également equally
élégant elegant
éléphant *m* elephant
élever to build up; to bring up;
    to raise
elle she, her
éloigné (*pp of* **éloigner**) dis-
    tant, far off
s'éloigner de to move away
    from
embarras *m* embarrassment,
    uneasiness
embarrassant embarrassing
emberlificoter to entangle
embrasser to kiss, embrace
s'empêcher (**de**) to stop one-
    self (from); to prevent
employer to use
  en employant using
  s'employer to be used
emporter to carry off, carry
    along

en some; of it, of them
  je ne t'en aimerais que davantage I would only love you more
en in
enchaîner to continue
encore still, again
encre *f* ink
endormi (*pp of* **endormir**) asleep
endormir to put to sleep
endroit *m* place
endurer to endure, stand
enfant *m* child
enfermer to fence in, lock in
enfin finally, at last
enfoncer to drive in, stick in
enlever to take off, take out
ennui *m* boredom
ennuyer to bore
  s'ennuyer to be bored, get bored
ensemble together
ensoleillé full of sunshine
entendre to hear
entendu (*pp of* **entendre**) understood, accepted
entier, entière entire
entre between
entrer (**dans**) to enter
s'envoler to fly away
épargner to spare
épaule *f* shoulder
êperon *m* spur
épicier *m* grocer
épingle *f* pin
erreur *f* error, mistake
es (**être**): **tu es** you are
espèce *f* kind, sort
essayer to try

est (**être**): **c'est** it is
et and
établir to establish
étage *m* floor
était (**être**): **c'était** it was
étalage *m* store (window) display
état *m* state
éteint (*pp of* **éteindre**) put out
étonnement *m* astonishment
étrange strange
être to be
  être à to belong to
  n'en est-il pas aren't there some
étroit narrow
eut (*ps of* **avoir**): **il y eut** there was
eût (*subj of* **avoir**): **il eût mieux valu** it would have been better
eux them, they
s'évader to escape
évaluer to evaluate, measure
s'évaporer to evaporate away
évidemment obviously, of course
évident evident
évier *m* (kitchen) sink
éviter to avoid
exagérer to exaggerate
examiner to examine
exclamatif, exclamative exclamatory
exclamation *f* exclamation
exemple *m* example
  par exemple for example
exister to exist
  il existe there are
expérience *f* experiment

explication *f* explanation
expliquer to explain
exploiter to exploit
exposition *f* exhibit
expression *f* expression
exprimer to express
exténué worn out, exhausted
extérieur *m* exterior, outside
extrême extreme

fable *f* fable
face *f* front, face
facile easy
facilement easily
façon *f* way, manner
faculté *f* faculty
faible weak, feeble
faiblissant growing weaker
faim *f* hunger
  avoir faim to be hungry
faire to do, make
  faire l'avare to act like a
    miser
  se faire bousculer to get
    shoved about
  se faire remarquer to be
    noticeable
faisais (faire): tu faisais you
  made
fait *m* fact
fait (*pp of* faire): choses toutes
  faites ready-made things
fait (faire): il fait he does,
  makes
  on me fait des reproches
    they reproach me
faites (faire): vous faites you
  do, make
fallait (falloir): il fallait quitter
  it was necessary to leave

familier, familière familiar
famille *f* family
  un fils de famille boy from
    upper-class home
fantastique fantastic
farine *f* flour
fatigué tired
se faufiler to slip through
faut (falloir): il faut it is
  necessary
  il faut ne l'avoir pas connu(e)
    one must not have known
    (experienced) it
  plus qu'il n'en faut more
    than is necessary, more
    than enough
  tout ce qu'il faut faire all
    that has to be done
faute *f* fault
fauteuil *m* armchair
faux, fausse false
femme *f* woman
fer *m* iron
ferait (faire): elle ferait une
  blague she would be
    playing a joke
ferme *f* farm
fermer to close
fermeture *f* lock, clasp
feront (faire): ils lui feront du
  bien they will do her good
fête *f* feast, celebration
feu *m* fire
  feu de joie bonfire
fève *f* broad bean
fiancée *f* fiancée
figure *f* face
fil *m* thread; trickle
filial filial
fille *f* girl

fils *m*   son
fin *f*   end
  sans fin   endlessly
fin   delicate
finir   to finish
fit (*ps of* faire)
  elle fit cacher la Vierge   she
    hid the Virgin
  fit le Petit Prince   said the
    Little Prince
fixe   fixed, set
fixer   to attach
fleur *f*   flower
  en fleurs   blooming, in flower
flexible   flexible
foi *f*   faith
  (par) ma foi !   indeed!
fois *f:* deux fois   twice
fonctionner   to work, function
fond *m*   bottom
  dans le fond   down deep
font (faire): ils font   they make
fontaine *f*   fountain
force *f*   strength, energy
  de toutes leurs forces   with
    all their might
forme *f*   form
fort   strongly
  être un peu fort   to go a bit
    too far
  parler plus fort   to talk
    louder, speak up
fouet *m*   whip
foule *f*   crowd
fraction *f*   fraction
fraîcheur *f*   freshness
frais, fraîche   cool, cold
franc *m*   franc
français   French
frapper   to hit, strike

fréquentation *f*   the act of being
  associated with, of going
  around with
froid *m*   cold
fruit *m*   fruit
fugitif, fugitive   fugitive, fleet-
  ing
fuis (fuir): je fuis   I am fleeing
fumée *f*   smoke
fumer   to smoke
fumeur *m*   smoker
furent (*ps of* être): ils furent
  they were
furieux, furieuse   furious
fusil *m*   gun, rifle
fut (*ps of* être): l'heure fut
  proche   the hour was near
futur *m*   future (tense)
  au futur   in the future (tense)
fuyait (fuir): elle fuyait   she
  was fleeing

gagner   to earn, win
gai   gay
gaîment   gaily
gaîté (gaieté) *f*   cheerfulness
galop *m*   gallop
garder   to keep
  garder pour lui   to keep to
    himself
gardien *m*   guard
gare *f*   station
gâté   spoiled
gauche   left; awkward
géant *m*   giant
gênant   bothersome
général: au général   in general
généreux, généreuse   generous
gens *m pl*   people
geste *m*   gesture, movement

glace *f* mirror
glacé glazed, glossy; frozen
glaçon *m* ice cube
glisser to slide, slip
    glisse que tu glisses both
      slipping
godillot *m* boot
gorge *f* throat
goût *m* taste
goutte *f* drop
gouvernement *m* government
grâce à thanks to
grain *m* grain, speck
grand big, great
grandir to grow
grands *m pl* important people
grave serious
gravement gravely, seriously
grelotter to shiver
grenade *f* grenade
gris gray
griser to intoxicate, make high
gros, grosse big
guère scarcely
guerre *f* war
guet *m*: **au guet** on the look-
    out, watching
guetter to watch for, be on the
    lookout for

habiller to dress
s'habiller to get dressed
habitant *m* inhabitant
habiter to live
habitude *f* habit
    avoir l'habitude to be used
      to
    d'habitude usually
habituel, habituelle habitual
hanter to haunt

hasard *m* luck, chance
    par hasard by chance
se hâter to hurry
hausser to shrug
    en haussant while shrugging
haut high
    en haut up above
    haute mer high seas
hâve emaciated, gaunt
hein well
herbe *f* grass
hésiter to hesitate
hier yesterday
hippodrome *m* racetrack
hippophage *m* one who eats
    horsemeat
hippophagique of those who
    eat horsemeat
histoire *f* story
    histoire d'enfants children's
      story, nursery tale
homme *m* man
horrible horrible
hors de out of
    hors de prise out of reach
hotte *f* basket (carried over
    one's back)
huit eight
    huit jours a week
humide humid
hurler to yell
hypnotiser to hypnotize
hypocrite *m or f* hypocrite

ici here
    être d'ici to be from around
      here
idée *f* idea
il he; it

il y a there is, there are
  il y a huit jours a week ago
  il y en a there are some
  il y en a qui there are some
    people who
île *f* island
imaginaire imaginary
imaginer to imagine
imbécile *m* imbecile
imparfait *m* imperfect (tense)
imperméable *m* raincoat
importance *f* importance
  ça n'a pas d'importance that
    doesn't matter
importe
  n'importe où anywhere
  n'importe quand at any
    (old) time
  n'importe quel any
impossible impossible
impression *f* impression
imprévisible unforeseeable
incroyable unbelievable
indéfini indefinite
indicateur *m* stool pigeon
indiquer to indicate
indulgent indulgent
infime minute, tiny
infinitif *m* infinitive
inquiéter to worry
s'inquiéter to worry; to be dis-
  turbed
insouciance *f* unconcern, care-
  freeness
inspecteur *m* (police) in-
  spector
s'installer to get settled
instant *m* instant
institutrice *f* (school) teacher
instruit educated

intérêt *m* interest
intérieur *m* interior, inside
interjection *f* interjection,
  exclamation
interroger to interrogate, ask
  questions of
intrigué intrigued
s'introduire to enter
inutile useless
inventer to invent
invention *f* invention
invisible invisible
iront (aller): **ils s'en iront** they
  will go away
issue *f* exit, way out

jaloux, jalouse jealous
jamais ever
  ne... jamais never
jardin *m* garden
jardinier *m* gardener
je (**j'**) I
jeu *m* game
jeudi *m* Thursday
joie *f* joy
joli pretty
jouer to play
  jouer un tour to play a trick;
    to deceive
  le tour serait joué he would
    have carried out the decep-
    tion
jouet *m* toy
jour *m* day
  par jour per day
  tous les jours every day
journal *m* newspaper
  journal du matin morning
    paper

jurer to curse, swear
  jure que tu jures both swearing
juron *m* curse word
jusque as far as
jusqu'à until

la her; it
là there
  là-dessous beneath it
  là-dessus about that
lacet *m* shoelace
lâcher to let go (of)
laisser to let, leave
  tu laisses accuser le vent
    you let the wind get blamed
lait *m* milk
lampe *f* lamp
langage *m* language
larcin *m* larceny, theft
larme *f* tear
lasso *m* lasso
légende *f* legend
léger, légère light, slight
lendemain *m* the next day
lequel, laquelle which
lettre *f* letter
leur, leurs their
se lever to get up
lèvre *f* lip
liaison *f* liaison
libre free, open
lien *m* tie
lieu *m* place
  au lieu de instead of
  avoir lieu to take place, happen
limite *f* limit
liquide *m* liquid
lit *m* bed

  au lit in bed
livre *m* book
livrer to deliver
  se livrer (à) to devote oneself (to), indulge (in)
local local
locataire *m* tenant, one who rents
se loger to fit (in)
loin far (away)
long, longue long
  de long en large back and forth
longtemps a long time
lorsque when
lourd heavy, strong
lu (*pp of* lire) read
lui to her, to him; he, him
  lui-même himself
lumière *f* light
lustre *m* (ceiling) lamp
lutter to struggle
luxe *m* luxury
  de luxe deluxe
lycée *m* high school

maigre thin, skinny
main *f* hand
mais but
mal *m* mischief, evil, bad
mal badly, poorly
malade sick
malentendu *m* misunderstanding
malheureux, malheureuse unhappy
maman *f* mother
manger to eat
se manifester to manifest itself, become evident

manquer to miss

manteau *m* (*pl* manteaux) coat

maquis *m* underground resistance forces

marchand *m* merchant, storekeeper

marchandises *f pl* merchandise

marcher to walk; to work

marcher de long en large to pace

maréchal *m* marshal

se marier to marry, get married

marque *f* mark

marquer to mark

maternel, maternelle maternal

matin *m* morning

mauvais bad

me me, to me; myself

méchant naughty, bad

méconnaissable unrecognizable

médiéval medieval

méfiance *f* suspicion

meilleur better

mélancolique melancholy

mélange *m* mixture

membre *m* member

même even

tu n'attends même pas you don't even wait

mémoire *f* memory

menottes *f pl* handcuffs

ment (mentir): elle ment she is lying

mental mental

mer *f* sea

merveilleux, merveilleuse marvelous

message *m* message

mesurer to measure

se métamorphoser (en) to change (into)

métier *m* job, profession

mettre to put, place

mettre au point to refine

mettre le feu to set fire

se mettre to place oneself; to get

se mettre à to start to

se mettre à table to sit down at table

meurtrir to bruise, hurt

le mien, la mienne mine

mieux better

aimer mieux to prefer

milieu *m* middle

au milieu in the middle

mille *m* thousand

million *m* million

mince thin, slender

mine *f* appearance, look

vous avez mauvaise mine you look bad

mine de rien looking as if nothing had happened

minuit *m* midnight

minuscule wee, tiny

mis (*pp of* mettre) put (on)

misérable miserable

mixture *f* mixture

modèle *m* model, example

moellon *m* quarry stone, stone

moi I, me

moi-même myself

moins less

du moins at least

moins qu'hier less than yesterday

mois *m* month

moitié *f*   half
  de moitié   by half
moment *m*   moment
monceau *m*   heap, pile
monde *m*   world
  le plus... du monde   extremely
  tout le monde   everyone
mondial: Seconde Guerre mon-
    diale   World War II
monnaie *f*   change
monotone   monotonous
monsieur *m*   sir, Mr.
montagne *f*   mountain(s)
monter   to go up
se moquer de   to make fun of
mordre   to bite
mort   dead
morts *m pl*   the dead
mot *m*   word
mou (mol), molle   soft
mouche *f*   fly
mourir   to die
moustache *f*   mustache
mouvement *m*   movement
moyen *m*   the means
multitude *f*   multitude
munitions *f pl*   munitions
mur *m*   wall
muraille *f*   wall
musique *f*   music

naître   to be born
  il venait de naître   he was
    just born
naquit (*ps of* naître): il naquit
    he was born
narrateur *m*   narrator
naturellement   by nature
ne
  ne... guère   scarcely, hardly

ne... jamais   never
ne... ni... ni   neither . . . nor
ne... pas   not
ne... personne   no one
ne... plus   no longer
ne... point   no
ne... que   only
ne... rien   nothing
n'est-ce pas ?   isn't it?
nécessaire   necessary
négatif, négative   negative
neige *f*   snow
net, nette   abruptly; short
nettement   clearly, distinctly
neuf   nine
ni... ni   neither . . . nor
niaiserie *f*   foolishness
noble   noble
Noé   Noah
Noël   Christmas
noir *m*   Negro
noir   black
nom *m*   noun; name
non   no
normal   normal
note *f*   note
notre   our
nourri (*pp of* nourrir)   fed
se nourrir   to eat, be fed
nouveau (nouvel), nouvelle   new
nouvelles *f pl*   news
noyer   to drown
nuit *f*   night
numéro *m*   number

obéir   to obey
objet *m*   object
obliger   to oblige
  être obligé de   to be obliged
    to

observer   to observe
occupation *f*   occupation
odeur *f*   smell, odor
oeil *m*   (*pl* **yeux**)   eye
oeillère *f*   blinder
oiseau *m*   (*pl* **oiseaux**)   bird
ombre *f*   shadow
on   one, they, others, we
  on n'est pas des boeufs   we
    are not oxen
opinion *f*   opinion
ordinaire   usual, ordinary
ordre *m*   order, command
  ordre de mission   military
    order
oreille *f*   ear
organisation *f*   organization
oser   to dare
ôter   to take off
ou   or
où   where, when
oublier   to forget
oui   yes
ouvert   (*pp of* **ouvrir**)   open
ouvrir   to open
  s'ouvrir   to be opened

pachyderme *m*   pachyderm
page *f*   page
paille *f*   straw
  un chapeau de paille de riz
    a straw hat
pain *m*   bread
pâle   pale
panier *m*   basket
pantoufle *f*   slipper
papier *m*   paper
  papier glacé   glossy paper

par   by
  par-dessus   above
paragraphe *m*   paragraph
parce que   because
parcours (**parcourir**): **je parcours**   I go along, I travel
    along
pardon   sorry
parenthèse *f:* **entre parenthèses**
    between parentheses
parents *m pl*   family, relatives
parer (**de**)   to deck out (in),
    adorn (with)
parfait *m*   perfect (tense)
  le parfait du conditionnel
    conditional perfect
parfait   perfect
parfaitement   perfectly, pre-
    cisely
parfois   sometimes
parfum *m*   perfume
parfumer   to perfume, fill with
    perfume
pari *m*   bet
parler   to speak
parmi   among
parquet *m*   (wooden) floor
part: quelque part   somewhere
parti *m*   choice, course of action
participe *m*   participle
particulier: au particulier   in
    particular
partie *f*   part
partir   to leave
  à partir de   as of
partout   everywhere
parut (*ps of* **paraître**): **il parut**
    he appeared
pas   not
  ne... pas   not

pas *m* step

passage *m* passage; time spent

  de passage transient

passé *m* past (tense)

  passé composé past indefi-

    nite (tense)

passer to pass

  huit jours passés a week ago

  se passer to happen

  se passer de to do without

patience *f* patience

patient patient

patron *m* owner, boss

patûre *f* pasture

paupière *f* eyelid

pauvre poor

se payer to afford

pays *m* country

peine *f* harm

  à peine scarcely

  ce n'est pas la peine it's not

    worth your trouble, don't

    bother

  être la peine to be worth-

    while

  faire de la peine to grieve

  prendre beaucoup de peine

    to be very careful

pelle *f* shovel

pendant during

  pendant que while

pénible painful

pensant: en pensant à upon

  thinking of

pensée *f* thought

penser to think

  qu'en pensez-vous ? what do

    you think about that?

perdre to lose

  se perdre to get lost

perdrix *m* partridge

perdu (*pp of* perdre) lost

père *m* father

  le père Noël Santa Claus

permettre to permit

permission *f* permission

perpétuel, perpétuelle perpetual

personnage *m* person, char-

  acter

personne *f* person

personne no one

  il n'y a jamais personne no

    one is ever there, there is

    never anyone there

personnel, personnelle personal

petit *m* little one, baby

petit little, small

  petite amie girl friend

petitesse *f* small size

  peu little

  un peu a little

peur *f* fear

  avoir peur to be afraid

peut (pouvoir): il peut he can

peut-être perhaps

peuvent (pouvoir): ils peuvent

  they can

pharmacien *m* druggist,

  pharmacist

philosophal: la pierre philo-

  sophale philosopher's

  stone

philosophie *f* philosophy

phrase *f* sentence, phrase

pièce *f* room

pied *m* foot

  à pied on foot

pierre *f* rock, stone

  la pierre philosophale phi-

    losopher's stone

pioche *f* spade
pitié *f* pity
place *f* place
  à la place de in place of
se placer to place oneself
se plaindre (de) to complain (about)
  de quoi te plains-tu ? what are you complaining about?
plainte *f* complaint, lamentation
plaisir *m* pleasure
plaît (plaire) : s'il te plaît please
plancher *m* floor
planète *f* planet
plante *f* plant
planter to plant
plat *m* platter
plein full
  le plus plein possible as full as possible
pleurer to cry
pluie *f* rain
plume *f* feather
pluriel *m* plural
  au pluriel in the plural
plus most, more
  de plus moreover
  de plus en plus more and more
  ne... plus no longer
  plus... plus the more . . . the more
plus-que-parfait *m* pluperfect (tense)
plutôt rather
poche *f* pocket
poétique poetic
poignet *m* wrist

point *m* point, place
  au point de on the point of
  mettre au point to refine
point
  il n'existe point there is no
  ne... point no
police *f* police
policier *m* policeman
poliment politely
pomme *f* apple
  la pomme d'Adam Adam's apple
pommier *m* apple tree
pomper to drink by sucking; to pump (in)
porte *f* door, doorway
porter to carry; to wear
poser to place, put
  poser une question to ask a question
  se poser to land
possessif possessive
possibilité *f* possibility
pot *m* flowerpot
potion *f* potion
pouce *m* thumb
poudrer to powder
poule *f* hen
poulet *m* chicken
pour for, in order to
  pour que so that, in order that
pourquoi why
pourra (pouvoir) : elle pourra she will be able
poursuite *f* chase
pourtant nevertheless
pousser to push
  pousse que tu pousses both pushing

poussière *f* dust
pouvoir *m* power
précaution *f* precaution
précis precise
précisément precisely
premier *m* the first one
premier, première first
prendre to take; to grasp, grab
  prendre de la peine to be careful
  prendre la peine (de) to take the time (to), go to the trouble (of)
prenez (*imp of* prendre) take
prennent (prendre): ils prennent de l'avoine they eat oats
préparation *f* preparation
préparer to prepare
  se préparer to get ready
préposition *f* preposition
près near, close
  de trop près too closely
présence *f* presence
présent *m* present
  à présent at present
  au présent in the present (tense)
presque almost
prêt ready
prétentieux *m* pretentious person
prêtre *m* priest
printemps *m* spring
  au printemps in spring
pris (*pp of* prendre) taken
  j'ai pris l'habitude I have gotten the habit
prise *f* capture; reach
prix *m* price

proche near
produit *m* product; proceeds, profit
profession *f* profession
profiter de to take advantage of, profit from
  tu profites de ce que you take advantage of the fact that
profond profound, deep
programme *m* program
projectile *m* projectile
projet *m* plan
prolonger to prolong
promenade *f* walk, ride
se promener to take a walk
pronom *m* pronoun
propos *m pl* remarks
proposer to propose
propre clean
protéger to protect
proximité: à proximité de near
prudent prudent
pu (*pp of* pouvoir)
  il a pu he was able
  où a-t-elle pu aller ? where could she have gone?
puis (pouvoir): je ne puis pas I cannot
puis then, moreover
puisque since
puisse (*subj of* pouvoir): que je puisse that I can
put (*ps of* pouvoir): jamais personne ne put expliquer no one could ever explain

qualité *f* quality
quand when
quant: quant à as for

quantité *f*   quantity
quarante   forty
quart *m*   quarter
  le quart d'heure   quarter
    hour
quartier *m*   district
quatre   four
que   than; that; what
  que c'est bon   how good that
    is
  qu'est-ce qui   what
  que je suis content   how
    happy I am
que: ne... que   only
quel, quelle   what
quelque   some
  quelque chose   something
  quelque part   somewhere
quelquefois   sometimes
quelques-uns   some
qui   which; who, whom
quitter   to leave
  ne quittez pas l'écoute   do
    not turn off the radio
quoi   what
  en quoi   how, in what respect

race *f*   species, race
raconter   to tell
radio *f*   radio
  à la radio   on the radio
rail *m*   rail
raison *f*   reason
raisonnable   reasonable
ramasser   to pick up, collect
rapide   rapid, fast, swift
rappeler   to remind (of)
rapporter   to bring back
rapprocher (de)   to bring close
  (to)

raser   to shave off; to fly close
  to
rassurer   to reassure
ravitaillement *m*   provisions;
  getting provisions
réaction *f*   reaction
recette (de cuisine) *f*   recipe
réchauffer   to warm (up)
recherches *f pl*   research
récit *m*   story
récompense *f*   reward
reconnaître   to recognize
redescendre   to go back down
redevenir   to turn back into
réellement   really
réfléchir   to think (about),
  reflect
réflexion *f*   reflection, thought
regagner   to go back to
regard *m*   glance
regarder   to watch
région *f*   region
relief *m:* **en relief**   standing out
remarquer   to notice
remplacer   to replace, take the
  place of
remplir   to fill
renard *m*   fox
rencontrer   to meet
rendez-vous *m*   rendezvous
rendre   to render
  il faut nous en rendre aussi
    you must render us one too
  se rendre   to go
  se rendre compte   to realize
renne *m*   reindeer
renouer   to retie
renseigner   to inform; to give
  information
rentes *f pl*   income, revenue

rentrer to go back
renverser to spill
répandre to spill, scatter, spread
repartir to leave again
repas *m* meal
repérer to locate
répéter to repeat
  en le répétant by repeating it
répondre to answer
réponse *f* answer
repousser to push back
reprendre to resume; to take back
reproche *m* reproach, rebuke
se reproduire to happen again
résister to resist
respect *m* respect
respecter to respect
respirer to breathe
se ressembler to look alike
reste *m* rest, remainder
  être en reste to be indebted to
rester to remain
  il reste l'arbre the tree remains
résultat *m* result
retirer to take out
retourner to return
  se retourner to turn around
retrouver to find
  se retrouver to find oneself again; to change back into
réussi successful
réveiller to awaken
revenir to come back
revenu *m* revenue, income

revint (*ps of* **revenir**): **il revint** he came back
rez-de-chaussée *m* ground floor
se rhabiller to get dressed again
ri (*pp of* **rire**) laughed
rideau *m* curtain
ridicule *m* mockery
  peur du ridicule afraid of being made fun of
rien nothing
  rien à dire nothing to say
  rien que pour voir just to see
rire *m* laugh
rire to laugh
risquer to risk
rite *m* rite, ceremony
riz *m* rice
  chapeau de paille de riz straw hat
robe *f* dress
rocher *m* rock
roi *m* king
roman *m* novel
  roman noir Gothic novel
roucouler to coo
rouge red, red-hot
rougir to blush
rouler to roll
route *f* road, highway
rue *f* street
ruine *f* ruin
  en ruines in ruins
ruiné ruined (financially)
ruisseau *m* gutter; brook

sachez (*imp of* **savoir**) learn, know
sage wise; good
sais (**savoir**): **je sais** I know

saisir to seize, grasp
sale dirty
salon *m* living room
salut *m* greeting
samedi *m* Saturday
sans (que) without
santé *f* health
sauf except
sauge *f* sage
saurai (savoir): je saurai I will
  know
sauter to fall off
sauver to save
savoir to know
science *f* science
se (s') each other
second second (of two)
secouer to shake (off)
secret *m* secret
selon according to
semblable like
  tout semblable à exactly like
sembler to seem
sens *m* sense
sensuel, sensuelle sensual
sentir to smell; to feel
séparer to separate
  se séparer de to separate
  oneself from
sept seven
serait (être): elle serait rentrée
  she would be back
sérieusement seriously
sérieux, sérieuse serious; to be
  taken seriously
serre *f* greenhouse
serrure *f* lock
  trou de serrure *m* keyhole
service *m* service
seuil *m* doorstep
seul *m* the only one

seul alone, only
  tout seul all alone
seulement only, just
si if
siffler to whistle
signalement *m* description
signer to sign
signifier to mean
silence *m* silence
silencieux, silencieuse quiet
simple simple
simplement simply
simplicité *f* simplicity
singulier *m* singular
  au singulier in the singular
société *f* society
soigner to take care of
sois (*imp of* être) be
soit (*subj of* être): qu'elle soit
  that she is, that she be
sol *m* ground
soldat *m* soldier
soleil *m* sun
solitaire solitary, hermit
sombre somber, dark
sommeil *m* sleep
sommes (être): nous sommes
  we are
son *m* sound
son his, her, its
songe *m* dream
sont (être): ce sont they are
sorte *f* sort, kind
sortie *f* exit
sortir to go out, come out, take
  out
sou *m* sou; 40 sous = 2 francs
souci *m* worry
soucoupe *f* saucer
soudainement suddenly
soudard *m* mercenary

souffle *m*   breath
souffler   to blow
souffreteux, souffreteuse   sickly
souhaiter   to wish
soulier *m*   shoe
souligner   to underline
soupirer   to sigh
source *f*   source; spring, well
sourire *m*   smile
sous   under
   sous terre   underground
soutane *f*   cassock
soutenu (*pp of* soutenir)   sustained, unremitting
souvenir *m*   memory
souvent   often
soyez (*imp of* être): soyez bons !   be good!
speakerine *f*   lady announcer
subjonctif *m*   subjunctive
substitution *f*   substitution
succès *m*   success
sud *m*   south
suffire   to suffice
   il lui suffisait   he just had to
suie *f*   soot
suis (être) : je suis   I am
suite *f*   that which follows
   par la suite   after that
   sans suite   that leads nowhere
   tout de suite   immediately
suivant   following
suivi (*pp of* suivre)   followed, taken
sujet *m*   subject
   à ce sujet   on that subject
   à ton sujet   on your account
superlatif   superlative
sur   on
sûr   sure, certain

bien sûr   of course
sûrement   surely
surprendre   to surprise
surprise *f*   surprise
surveiller   to survey, keep watch over
suspecter   to suspect
susse (*impf subj of* savoir) : sans que j'en susse rien   without my knowing it
symphonie *f*   symphony
synonyme *m*   synonym

table *f*   table
tache *f*   spot
tâcher   to try
talus *m*   bank, slope
tambour *m*   drum
tam-tam *m*   native celebration; tom-tom
tandis que   while
tant
   tant qu'ils sont   as they are
   tant et plus   so much and more
taper   to hit, strike
   le soleil tape   the sun beats down
tard   late
   plus tard   later
tas *m*   pile
taxi *m*   taxi
te (t')   you, to you
teindre   to dye, tint
teint *m*   color
tel, telle   such (a)
tellement   so much, so much so
temps *m*   time; weather
   beaucoup de temps   much time

de mon temps in my day
de temps en temps from time to time
par tous les temps in all kinds of weather
tenace tenacious, persistent, obstinate
tendre tender
tendresse *f* tenderness
tenez (*imp of* **tenir**) well, see
tenir to hold on
  tenir compagnie to keep company
tenter to try, attempt
terrain *m* land
terre *f* land, earth, dirt
  de terre earthen ware of clay
tête *f* head
le tien *m* yours
tiens (*imp of* **tenir**) well, see
tige *f* stem
timide timid, shy
tirer to pull out; to draw
toi you
toi-même yourself
toit *m* roof
tomber to fall
  laisser tomber to drop
Tom-Pouce Tom Thumb
totalement totally, absolutely
touffe *f* cluster, clump
toujours always
tour *m* turn
  à leur tour in turn
  faire un tour to go for a walk
tourner to turn
  faire tourner la tête to drive crazy
tous les jours every day
tousser to cough

tout all
  tout à coup suddenly
  tout à fait completely
  tout au monde everything in the world
  tout ce qui all that
  tout de blanc all in white
  tout de même all the same
  tout de suite immediately
  toute l'année all year long
  toute l'organisation the entire organization
  tout le monde everyone
trace *f* trace
traditionnel, traditionnelle traditional
train *m* train
train: être en train de faire to be in the act of doing
traîneau *m* sled
traîner to pull, draw, drag
traîneur *m* one who pulls
trait *m* feature
transaction *f* transaction
transformer to change
  se transformer (**en**) to turn into
transport *m* carrying, transportation
transporter to carry
travail *m* job, work
travailler to work
travailleur *m* worker
  travailleur volontaire volunteer
travers: à travers across
  en travers de across
très very
triste sad
tristesse *f* sadness
trois three

se tromper   to make a mistake, be mistaken
trop   too, too much
trottoir *m*   sidewalk
trou *m*   hole
   trou de serrure   keyhole
trouver   to find
truqué   monkeyed with, tampered with
tu   you
tuer   to kill
se tut (*ps of* **se taire**): **il se tut**   he was quiet
type *m*   guy

un   one; a, an
uniformité *f*   uniformity, sameness
unique   unique
utile   useful

va (**aller**): **elle va**   she goes
vacances *f pl*   vacation
   être en vacances   to be on (a) vacation
vague   vague
vaillant   valiant, courageous
vais (**aller**): **je vais**   I go
valise *f*   suitcase
vallée *f*   valley
valu (*pp of* **valoir**): **il eût mieux valu**   it would have been better
vaste   vast
vaut (**valoir**)   is worth
vendre   to sell
   je suis vendu   I'm done for
vent *m*   wind
venu (*pp of* **venir**)   came

verbe *m*   verb
verre *m*   glass
verrons (**voir**): **nous verrons**   we shall see
vers *m*   line of verse
vers   toward
vertu *m:* **en vertu de**   by (virtue of)
veston *m*   jacket
vêtements *m pl*   clothes
vêtu (*pp of* **vêtir**)   dressed
veuillez (**vouloir**)   please; be so kind (good) as to
veux (**vouloir**): **je veux**   I want
viande *f*   meat
vider   to empty
vie *f*   life
viennent (**venir**): **ils viennent**   they come
viens (*imp of* **venir**)   come
   viens de (**venir de**): **je viens de voir**   I have just seen
vierge *f*   virgin
vieux (**vieil**), **vieille**   old
   mon pauvre vieux   old man (*familiar form of address*)
vigne *f*   vineyard
vilain   nasty
village *m*   village
ville *f*   town, city
vin *m*   wine
vingt   twenty
vis (**vivre**): **tu vis**   you live
visage *m*   face
visiteur *m*   visitor
vit (*ps of* **voir**): **il vit**   he saw
vite   fast, quick, quickly
   au plus vite   as quickly as possible
vive (**vivre**) : **vive la liberté !**   long live freedom!

vivre   to live
vivres *m pl*   foodstuffs
voilà   that's (it)
vois (voir): vois-tu   you see
voit (voir): il voit   he sees
   ça se voit   that's obvious
voiture *f*   wagon, car
voix *f*   voice
vol *m*   flight; theft
   vol de nuit   night flight
voler   to steal; to fly
   en volant   by flying
voleur *m*   thief
   au voleur !   stop, thief!
volontaire   voluntary
volonté *f*   will, will power
   à ma volonté   at my will
vos *pl*   your
votre   your
les vôtres   yours

voudrait (vouloir): il voudrait
   he would like
voudront (vouloir): ils voudront
   they will want
vouloir   to wish, want
   vouloir bien   to be willing
voulu (*pp of* vouloir)   wanted
voyageur *m*   traveler
voyant (voir): en voyant   upon
   seeing
vrai   true
vu (*pp of* voir)   seen
vue *f*   sight

y   there
   il y a   ago; there is, there are
   il y en a   there are some
yeux *m pl* (*sing* oeil)   eyes

zoo *m*   zoo